I0151488

ROMENO
VOCABULÁRIO

PORTUGUÊS ROMENO

Para alargar o seu léxico e apurar
as suas competências linguísticas

7000 palavras

Vocabulário Português-Romeno - 7000 palavras

Por Andrey Taranov

Os vocabulários da T&P Books destinam-se a ajudar a aprender, a memorizar, e a rever palavras estrangeiras. O dicionário é dividido em temas, cobrindo todas as principais esferas de atividades quotidianas, negócios, ciência, cultura, etc.

O processo de aprendizagem, utilizando os dicionários baseados em temáticas da T&P Books dá-lhe as seguintes vantagens:

- Informação de origem corretamente agrupada predetermina o sucesso em fases subsequentes da memorização de palavras
- Disponibilização de palavras derivadas da mesma raiz, o que permite a memorização de unidades de texto (em vez de palavras separadas)
- Pequenas unidades de palavras facilitam o processo de estabelecimento de vínculos associativos necessários para a consolidação do vocabulário
- O nível de conhecimento da língua pode ser estimado pelo número de palavras aprendidas

T&P Books Publishing
www.tpbooks.com

ISBN: 978-1-78400-894-9

Este livro também está disponível em formato E-book.
Por favor visite www.tpbooks.com ou as principais livrarias on-line.

VOCABULÁRIO ROMENO
palavras mais úteis

Os vocabulários da T&P Books destinam-se a ajudar a aprender, a memorizar, e a rever palavras estrangeiras. O vocabulário contém mais de 7000 palavras de uso comum organizadas tematicamente.

O vocabulário contém as palavras mais comummente usadas
Recomendado como adicional para qualquer curso de línguas
Satisfaz as necessidades dos iniciados e dos alunos avançados de línguas estrangeiras
Conveniente para o uso diário, sessões de revisão e atividades de auto-teste
Permite avaliar o seu vocabulário

Características especias do vocabulário

- As palavras estão organizadas de acordo com o seu significado, e não por ordem alfabética
- As palavras são apresentadas em três colunas para facilitar os processos de revisão e auto-teste
- As palavras compostas são divididas em pequenos blocos para facilitar o processo de aprendizagem
- O vocabulário oferece uma transcrição simples e adequada de cada palavra estrangeira

O vocabulário contém 198 tópicos incluindo:

Conceitos básicos, Números, Cores, Meses, Estações do ano, Unidades de medida, Roupas & Acessórios, Alimentos & Nutrição, Restaurante, Membros da Família, Parentes, Caráter, Sentimentos, Emoções, Doenças, Cidade, Passeios, Compras, Dinheiro, Casa, Lar, Escritório, Trabalho no Escritório, Importação & Exportação, Marketing, Pesquisa de Emprego, Desportos, Educação, Computador, Internet, Ferramentas, Natureza, Países, Nacionalidades e muito mais ...

TABELA DE CONTEÚDOS

GUIA DE PRONUNCIAÇÃO

Alfabeto fonético T&P	Exemplo Romeno	Exemplo Português
[a]	arbust [ar'bust]	chamar
[e]	a merge [a 'merdʒe]	metal
[ə]	brăţară [brə'tsarə]	O xevá, som vocálico neutro
[i]	impozit [im'pozit]	sinónimo
[ɨ]	cuvânt [ku'vint]	sinónimo
[o]	avocat [avo'kat]	lobo
[u]	fluture ['fluture]	bonita
[b]	bancă ['bankə]	barril
[d]	durabil [du'rabil]	dentista
[dʒ]	gemeni ['dʒemenʲ]	adjetivo
[f]	frizer [fri'zer]	safári
[g]	gladiolă [gladi'olə]	gosto
[ʒ]	jucător [ʒuke'tor]	talvez
[h]	pahar [pa'har]	[h] aspirada
[k]	actor [ak'tor]	kiwi
[l]	clopot ['klopot]	libra
[m]	mobilă ['mobilə]	magnólia
[n]	nuntă ['nuntə]	natureza
[p]	profet [pro'fet]	presente
[r]	roată [ro'atə]	riscar
[s]	salată [sa'latə]	sanita
[ʃ]	cleştişor [kleʃti'ʃor]	mês
[t]	statuie [sta'tue]	tulipa
[ts]	forţă ['fortsə]	tsé-tsé
[tʃ]	optzeci [opt'zetʃi]	Tchau!
[v]	valiză [va'lizə]	fava
[z]	zmeură ['zmeurə]	sésamo
[j]	foios [fo'jos]	géiser
[ʲ]	zori [zorʲ]	sinal de palatalização

ABREVIATURAS
usadas no vocabulário

Abreviaturas do Português

adj	-	adjetivo
adv	-	advérbio
anim.	-	animado
conj.	-	conjunção
desp.	-	desporto
etc.	-	etecetra
ex.	-	por exemplo
f	-	nome feminino
f pl	-	feminino plural
fem.	-	feminino
inanim.	-	inanimado
m	-	nome masculino
m pl	-	masculino plural
m, f	-	masculino, feminino
masc.	-	masculino
mat.	-	matemática
mil.	-	militar
pl	-	plural
prep.	-	preposição
pron.	-	pronome
sb.	-	sobre
sing.	-	singular
v aux	-	verbo auxiliar
vi	-	verbo intransitivo
vi, vt	-	verbo intransitivo, transitivo
vr	-	verbo reflexivo
vt	-	verbo transitivo

Abreviaturas do Romeno

f	-	nome feminino
f pl	-	feminino plural
m	-	nome masculino
m pl	-	masculino plural
n	-	neutro
n pl	-	neutro plural
pl	-	plural

CONCEITOS BÁSICOS

Conceitos básicos. Parte 1

1. Pronomes

eu	eu	[eu]
tu	tu	[tu]
ele	el	[el]
ela	ea	[ʲa]
nós	noi	[noj]
vocês	voi	['voj]
eles	ei	['ej]
elas	ele	['ele]

2. Cumprimentos. Saudações. Despedidas

Olá!	Bună ziua!	['bunə 'ziwa]
Bom dia! (formal)	Bună ziua!	['bunə 'ziwa]
Bom dia! (de manhã)	Bună dimineața!	['bunə dimi'nʲatsa]
Boa tarde!	Bună ziua!	['bunə 'ziwa]
Boa noite!	Bună seara!	['bunə 'sʲara]
cumprimentar (vt)	a se saluta	[a se salu'ta]
Olá!	Salut!	[sa'lut]
saudação (f)	salut (n)	[sa'lut]
saudar (vt)	a saluta	[a salu'ta]
Como vai?	Ce mai faci?	[ʧie maj 'faʧi]
O que há de novo?	Ce mai e nou?	[ʧe maj e 'nou]
Até à vista!	La revedere!	[la reve'dere]
Até breve!	Pe curând!	[pe ku'rind]
Adeus! (sing.)	Rămâi cu bine!	[rə'mij ku 'bine]
Adeus! (pl)	Rămâneți cu bine!	[rəmi'nets ku 'bine]
despedir-se (vr)	a-și lua rămas bun	[aʃ lu'a rə'mas bun]
Até logo!	Pa!	[pa]
Obrigado! -a!	Mulțumesc!	[multsu'mesk]
Muito obrigado! -a!	Mulțumesc mult!	[multsu'mesk mult]
De nada	Cu plăcere	[ku plə'ʧere]
Não tem de quê	Pentru puțin	['pentru pu'tsin]
De nada	Pentru puțin	['pentru pu'tsin]
Desculpa!	Scuză-mă!	['skuzəmə]
Desculpe!	Scuzați-mă!	[sku'zatsimə]

desculpar (vt)	a scuza	[a sku'za]
desculpar-se (vr)	a cere scuze	[a 'tʃere 'skuze]
As minhas desculpas	Cer scuze	[tʃer 'skuze]
Desculpe!	Lertaţi-mă!	[er'tatsimə]
perdoar (vt)	a ierta	[a er'ta]
por favor	vă rog	[və rog]

Não se esqueça!	Nu uitaţi!	[nu uj'tatsⁱ]
Certamente! Claro!	Desigur!	[de'sigur]
Claro que não!	Desigur ca nu!	[de'sigur kə nu]
Está bem! De acordo!	Sunt de acord!	[sunt de a'kord]
Basta!	Ajunge!	[a'ʒundʒe]

3. Números cardinais. Parte 1

zero	zero	['zero]
um	unu	['unu]
dois	doi	[doj]
três	trei	[trej]
quatro	patru	['patru]

cinco	cinci	[tʃintʃ]
seis	şase	['ʃase]
sete	şapte	['ʃapte]
oito	opt	[opt]
nove	nouă	['nowə]

dez	zece	['zetʃe]
onze	unsprezece	['unsprezetʃe]
doze	doisprezece	['dojsprezetʃe]
treze	treisprezece	['trejsprezetʃe]
catorze	paisprezece	['pajsprezetʃe]

quinze	cincisprezece	['tʃintʃsprezetʃe]
dezasseis	şaisprezece	['ʃajsprezetʃe]
dezassete	şaptesprezece	['ʃaptesprezetʃe]
dezoito	optsprezece	['optsprezetʃe]
dezanove	nouăsprezece	['nowəsprezetʃe]

vinte	douăzeci	[dowə'zetʃi]
vinte e um	douăzeci şi unu	[dowə'zetʃi ʃi 'unu]
vinte e dois	douăzeci şi doi	[dowə'zetʃi ʃi doj]
vinte e três	douăzeci şi trei	[dowə'zetʃi ʃi trej]

trinta	treizeci	[trej'zetʃi]
trinta e um	treizeci şi unu	[trej'zetʃi ʃi 'unu]
trinta e dois	treizeci şi doi	[trej'zetʃi ʃi doj]
trinta e três	treizeci şi trei	[trej'zetʃi ʃi trej]

quarenta	patruzeci	[patru'zetʃi]
quarenta e um	patruzeci şi unu	[patru'zetʃi ʃi 'unu]
quarenta e dois	patruzeci şi doi	[patru'zetʃi ʃi doj]
quarenta e três	patruzeci şi trei	[patru'zetʃi ʃi trej]
cinquenta	cincizeci	[tʃintʃ'zetʃ]

cinquenta e um	cincizeci şi unu	[tʃintʃ'zetʃ ʃi 'unu]
cinquenta e dois	cincizeci şi doi	[tʃintʃ'zetʃ ʃi doj]
cinquenta e três	cincizeci şi trei	[tʃintʃ'zetʃ ʃi trej]
sessenta	şaizeci	[ʃaj'zetʃi]
sessenta e um	şaizeci şi unu	[ʃaj'zetʃi ʃi 'unu]
sessenta e dois	şaizeci şi doi	[ʃaj'zetʃi ʃi doj]
sessenta e três	şaizeci şi trei	[ʃaj'zetʃi ʃi trej]
setenta	şaptezeci	[ʃapte'zetʃi]
setenta e um	şaptezeci şi unu	[ʃapte'zetʃi ʃi 'unu]
setenta e dois	şaptezeci şi doi	[ʃapte'zetʃi ʃi doj]
setenta e três	şaptezeci şi trei	[ʃapte'zetʃi ʃi trej]
oitenta	optzeci	[opt'zetʃi]
oitenta e um	optzeci şi unu	[opt'zetʃi ʃi 'unu]
oitenta e dois	optzeci şi doi	[opt'zetʃi ʃi doj]
oitenta e três	optzeci şi trei	[opt'zetʃi ʃi trej]
noventa	nouăzeci	[nowə'zetʃi]
noventa e um	nouăzeci şi unu	[nowə'zetʃi ʃi 'unu]
noventa e dois	nouăzeci şi doi	[nowə'zetʃi ʃi doj]
noventa e três	nouăzeci şi trei	[nowə'zetʃi ʃi trej]

4. Números cardinais. Parte 2

cem	o sută	[o 'sutə]
duzentos	două sute	['dowə 'sute]
trezentos	trei sute	[trej 'sute]
quatrocentos	patru sute	['patru 'sute]
quinhentos	cinci sute	[tʃintʃ 'sute]
seiscentos	şase sute	['ʃase 'sute]
setecentos	şapte sute	['ʃapte 'sute]
oitocentos	opt sute	[opt 'sute]
novecentos	nouă sute	['nowə 'sute]
mil	o mie	[o 'mie]
dois mil	două mii	['dowə mij]
De quem são ...?	trei mii	[trej mij]
dez mil	zece mii	['zetʃe mij]
cem mil	o sută de mii	[o 'sutə de mij]
um milhão	milion (n)	[mi'ljon]
mil milhões	miliard (n)	[mi'ljard]

5. Números. Frações

fração (f)	fracţie (f)	['fraktsie]
um meio	o doime	[o 'doime]
um terço	o treime	[o 'treime]
um quarto	o pătrime	[o pə'trime]
um oitavo	o optime	[o op'time]

um décimo	o zecime	[o ze'ʧime]
dois terços	două treimi	['dowə 'treimʲ]
três quartos	trei pătrimi	[trej pə'trimʲ]

6. Números. Operações básicas

subtração (f)	scădere (f)	[skə'dere]
subtrair (vi, vt)	a scădea	[a skə'dʲa]
divisão (f)	împărțire (f)	[impər'tsire]
dividir (vt)	a împărți	[a impər'tsi]

adição (f)	adunare (f)	[adu'nare]
somar (vt)	a aduna	[a adu'na]
adicionar (vt)	a adăuga	[a adəu'ga]
multiplicação (f)	înmulțire (f)	[inmul'tsire]
multiplicar (vt)	a înmulți	[a inmul'tsi]

7. Números. Diversos

algarismo, dígito (m)	cifră (f)	['ʧifrə]
número (m)	număr (n)	['numər]
numeral (m)	numeral (n)	[nume'ral]
menos (m)	minus (n)	['minus]
mais (m)	plus (n)	[plus]
fórmula (f)	formulă (f)	[for'mulə]
cálculo (m)	calcul (n)	['kalkul]
contar (vt)	a calcula	[a kalku'la]
calcular (vt)	a socoti	[a soko'ti]
comparar (vt)	a compara	[a kompa'ra]

Quanto?	Cât?	[kit]
Quantos? -as?	Câți? Câte?	[kits], ['kite]
soma (f)	sumă (f)	['sumə]
resultado (m)	rezultat (n)	[rezul'tat]
resto (m)	rest (n)	[rest]
alguns, algumas ...	câțiva, câteva	[kits'va], [kite'va]
um pouco de ...	puțin	[pu'tsin]
resto (m)	rest (n)	[rest]
um e meio	unu și jumătate	['unu ʃi ʒumə'tate]
dúzia (f)	duzină (f)	[du'zinə]

ao meio	în două	[in 'dowə]
em partes iguais	în părți egale	[in pərtsʲ e'gale]
metade (f)	jumătate (f)	[ʒumə'tate]
vez (f)	dată (f)	['datə]

8. Os verbos mais importantes. Parte 1

| abrir (vt) | a deschide | [a des'kide] |
| acabar, terminar (vt) | a termina | [a termi'na] |

aconselhar (vt)	a sfătui	[a sfətu'i]
adivinhar (vt)	a ghici	[a gi'tʃi]
advertir (vt)	a avertiza	[a averti'za]
ajudar (vt)	a ajuta	[a aʒu'ta]
almoçar (vi)	a lua prânzul	[a lu'a 'prinzul]
alugar (~ um apartamento)	a închiria	[a inkiri'ja]
amar (vt)	a iubi	[a ju'bi]
ameaçar (vt)	a ameninţa	[a amenin'tsa]
anotar (escrever)	a nota	[a no'ta]
apressar-se (vr)	a se grăbi	[a se grə'bi]
arrepender-se (vr)	a regreta	[a regre'ta]
assinar (vt)	a semna	[a sem'na]
atirar, disparar (vi)	a trage	[a 'tradʒə]
brincar (vi)	a glumi	[a glu'mi]
brincar, jogar (crianças)	a juca	[a ʒu'ka]
buscar (vt)	a căuta	[a kəu'ta]
caçar (vi)	a vâna	[a vi'na]
cair (vi)	a cădea	[a kə'dⁱa]
cavar (vt)	a săpa	[a sə'pa]
cessar (vt)	a înceta	[a antʃe'ta]
chamar (~ por socorro)	a chema	[a ke'ma]
chegar (vi)	a sosi	[a so'si]
chorar (vi)	a plânge	[a 'plindʒe]
começar (vt)	a începe	[a in'tʃepe]
comparar (vt)	a compara	[a kompa'ra]
compreender (vt)	a înţelege	[a intse'ledʒe]
concordar (vi)	a fi de acord	[a fi de a'kord]
confiar (vt)	a avea încredere	[a a'vⁱa in'kredere]
confundir (equivocar-se)	a încurca	[a inkur'ka]
conhecer (vt)	a cunoaşte	[a kuno'aʃte]
contar (fazer contas)	a calcula	[a kalku'la]
contar com (esperar)	a conta pe ...	[a kon'ta pe]
continuar (vt)	a continua	[a kontinu'a]
controlar (vt)	a controla	[a kontro'la]
convidar (vt)	a invita	[a invi'ta]
correr (vi)	a alerga	[a aler'ga]
criar (vt)	a crea	[a 'krⁱa]
custar (vt)	a costa	[a kos'ta]

9. Os verbos mais importantes. Parte 2

dar (vt)	a da	[a da]
dar uma dica	a face aluzie	[a 'fatʃe a'luzie]
decorar (enfeitar)	a împodobi	[a impodo'bi]
defender (vt)	a apăra	[a apə'ra]
deixar cair (vt)	a scăpa	[a skə'pa]
descer (para baixo)	a coborî	[a kobo'ri]

desculpar-se (vr)	a cere scuze	[a 'tʃere 'skuze]
dirigir (~ uma empresa)	a conduce	[a kon'dutʃe]
discutir (notícias, etc.)	a discuta	[a disku'ta]
dizer (vt)	a spune	[a 'spune]
duvidar (vt)	a se îndoi	[a se îndo'i]
encontrar (achar)	a găsi	[a gə'si]
enganar (vt)	a minţi	[a min'tsi]
entrar (na sala, etc.)	a intra	[a in'tra]
enviar (uma carta)	a trimite	[a tri'mite]
errar (equivocar-se)	a greşi	[a gre'ʃi]
escolher (vt)	a alege	[a a'ledʒe]
esconder (vt)	a ascunde	[a as'kunde]
escrever (vt)	a scrie	[a 'skrie]
esperar (o autocarro, etc.)	a aştepta	[a aʃtep'ta]
esperar (ter esperança)	a spera	[a spe'ra]
esquecer (vt)	a uita	[a uj'ta]
estudar (vt)	a studia	[a studi'a]
exigir (vt)	a cere	[a 'tʃere]
existir (vi)	a exista	[a ekzis'ta]
explicar (vt)	a explica	[a ekspli'ka]
falar (vi)	a vorbi	[a vor'bi]
faltar (clases, etc.)	a lipsi	[a lip'si]
fazer (vt)	a face	[a 'fatʃe]
ficar em silêncio	a tăcea	[a tə'tʃa]
gabar-se, jactar-se (vr)	a se lăuda	[a se ləu'da]
gostar (apreciar)	a plăcea	[a plə'tʃa]
gritar (vi)	a striga	[a stri'ga]
guardar (cartas, etc.)	a păstra	[a pəs'tra]
informar (vt)	a informa	[a infor'ma]
insistir (vi)	a insista	[a insis'ta]
insultar (vt)	a jigni	[a ʒig'ni]
interessar-se (vr)	a se interesa	[a se intere'sa]
ir (a pé)	a merge	[a 'merdʒe]
ir nadar	a se scălda	[a se skəl'da]
jantar (vi)	a cina	[a tʃi'na]

10. Os verbos mais importantes. Parte 3

ler (vt)	a citi	[a tʃi'ti]
libertar (cidade, etc.)	a elibera	[a elibe'ra]
matar (vt)	a omorî	[a omo'ri]
mencionar (vt)	a menţiona	[a mentsio'na]
mostrar (vt)	a arăta	[a arə'ta]
mudar (modificar)	a schimba	[a skim'ba]
nadar (vi)	a înota	[a ino'ta]
negar-se a ...	a refuza	[a refu'za]
objetar (vt)	a contrazice	[a kontra'zitʃe]

observar (vt)	a observa	[a obser'va]
ordenar (mil.)	a ordona	[a ordo'na]
ouvir (vt)	a auzi	[a au'zi]
pagar (vt)	a plăti	[a plə'ti]
parar (vi)	a se opri	[a se o'pri]
participar (vi)	a participa	[a partitʃi'pa]
pedir (comida)	a comanda	[a koman'da]
pedir (um favor, etc.)	a cere	[a 'tʃere]
pegar (tomar)	a lua	[a lu'a]
pensar (vt)	a se gândi	[a se gin'di]
perceber (ver)	a observa	[a obser'va]
perdoar (vt)	a ierta	[a er'ta]
perguntar (vt)	a întreba	[a intre'ba]
permitir (vt)	a permite	[a per'mite]
pertencer a ...	a aparţine	[a apar'tsine]
planear (vt)	a planifica	[a planifi'ka]
poder (vi)	a putea	[a pu'tʲa]
possuir (vt)	a poseda	[a pose'da]
preferir (vt)	a prefera	[a prefe'ra]
preparar (vt)	a găti	[a gə'ti]
prever (vt)	a prevedea	[a preve'dʲa]
prometer (vt)	a promite	[a pro'mite]
pronunciar (vt)	a pronunţa	[a pronun'tsa]
propor (vt)	a propune	[a pro'pune]
punir (castigar)	a pedepsi	[a pedep'si]

11. Os verbos mais importantes. Parte 4

quebrar (vt)	a rupe	[a 'rupe]
queixar-se (vr)	a se plânge	[a se 'plindʒe]
querer (desejar)	a vrea	[a vrʲa]
recomendar (vt)	a recomanda	[a rekoman'da]
repetir (dizer outra vez)	a repeta	[a repe'ta]
repreender (vt)	a certa	[a tʃer'ta]
reservar (~ um quarto)	a rezerva	[a rezer'va]
responder (vt)	a răspunde	[a rəs'punde]
rezar, orar (vi)	a se ruga	[a se ru'ga]
rir (vi)	a râde	[a 'ride]
roubar (vt)	a fura	[a fu'ra]
saber (vt)	a şti	[a ʃti]
sair (~ de casa)	a ieşi	[a e'ʃi]
salvar (vt)	a salva	[a sal'va]
seguir ...	a urma	[a ur'ma]
sentar-se (vr)	a se aşeza	[a se aʃə'za]
ser necessário	a fi necesar	[a fi netʃe'sar]
ser, estar	a fi	[a fi]
significar (vt)	a însemna	[a insem'na]

sorrir (vi)	a zâmbi	[a zim'bi]
subestimar (vt)	a subaprecia	[a subapretʃi'a]
surpreender-se (vr)	a se mira	[a se mi'ra]
tentar (vt)	a încerca	[a intʃer'ka]

ter (vt)	a avea	[a a'vʲa]
ter fome	a fi foame	[a fi fo'ame]
ter medo	a se teme	[a se 'teme]
ter sede	a fi sete	[a fi 'sete]

tocar (com as mãos)	a atinge	[a a'tindʒe]
tomar o pequeno-almoço	a lua micul dejun	[a lu'a 'mikul de'ʒun]
trabalhar (vi)	a lucra	[a lu'kra]
traduzir (vt)	a traduce	[a tra'dutʃe]
unir (vt)	a uni	[a u'ni]

vender (vt)	a vinde	[a 'vinde]
ver (vt)	a vedea	[a ve'dʲa]
virar (ex. ~ à direita)	a întoarce	[a into'artʃe]

12. Cores

cor (f)	culoare (f)	[kulo'are]
matiz (m)	nuanță (f)	[nu'antsə]
tom (m)	ton (n)	[ton]
arco-íris (m)	curcubeu (n)	[kurku'beu]

branco	alb	[alb]
preto	negru	['negru]
cinzento	sur	['sur]

verde	verde	['verde]
amarelo	galben	['galben]
vermelho	roşu	['roʃu]

azul	albastru închis	[al'bastru i'nkis]
azul claro	albastru deschis	[al'bastru des'kis]
rosa	roz	['roz]
laranja	portocaliu	[portoka'lju]
violeta	violet	[vio'let]
castanho	cafeniu	[kafe'nju]

dourado	de culoarea aurului	[de kulo'arʲa 'auruluj]
prateado	argintiu	[ardʒin'tju]

bege	bej	[beʒ]
creme	crem	[krem]
turquesa	turcoaz	[turko'az]
vermelho cereja	vişiniu	[viʃi'nju]
lilás	lila	[li'la]
carmesim	de culoarea zmeurei	[de kulo'arʲa 'zmeurej]

claro	de culoare deschisă	[de kulo'are des'kisə]
escuro	de culoare închisă	[de kulo'are i'nkisə]

vivo	aprins	[a'prins]
de cor	colorat	[kolo'rat]
a cores	color	[ko'lor]
preto e branco	alb-negru	[alb 'negru]
unicolor	monocrom	[mono'krom]
multicor	multicolor	[multiko'lor]

13. Questões

Quem?	Cine?	['ʧine]
Que?	Ce?	[ʧe]
Onde?	Unde?	['unde]
Para onde?	Unde?	['unde]
De onde?	De unde?	[de 'unde]
Quando?	Când?	[kind]
Para quê?	Pentru ce?	['pentru ʧe]
Porquê?	De ce?	[de ʧe]

Para quê?	Pentru ce?	['pentru ʧe]
Como?	Cum?	[kum]
Qual?	Care?	['kare]
Qual? (entre dois ou mais)	Care?	['kare]

A quem?	Cui?	[kuj]
Sobre quem?	Despre cine?	['despre 'ʧine]
Do quê?	Despre ce?	['despre ʧe]
Com quem?	Cu cine?	[ku 'ʧine]

Quantos? -as?	Cât? Câtă?	[kit], ['kitə]
Quanto?	Câţi? Câte?	[kits], ['kite]
De quem? (masc.)	Al cui?	['al kuj]
De quem é? (fem.)	A cui?	[a kuj]
De quem são? (pl)	Ai cui?, Ale cui?	[aj kuj], ['ale kuj]

14. Palavras funcionais. Advérbios. Parte 1

Onde?	Unde?	['unde]
aqui	aici	[a'iʧi]
lá, ali	acolo	[a'kolo]

em algum lugar	undeva	[unde'va]
em lugar nenhum	nicăieri	[nikə'erі]

ao pé de ...	lângă ...	['lingə]
ao pé da janela	lângă fereastră	['lingə fe'rіastrə]

Para onde?	Unde?	['unde]
para cá	aici	[a'iʧi]
para lá	acolo	[a'kolo]
daqui	de aici	[de a'iʧi]
de lá, dali	de acolo	[de a'kolo]
perto	aproape	[apro'ape]

longe	departe	[de'parte]
perto de ...	alături	[a'lətur¹]
ao lado de	alături	[a'lətur¹]
perto, não fica longe	aproape	[apro'ape]

esquerdo	stâng	[sting]
à esquerda	din stânga	[din 'stinga]
para esquerda	în stânga	[in 'stinga]

direito	drept	[drept]
à direita	din dreapta	[din 'dr¹apta]
para direita	în dreapta	[in 'dr¹apta]

à frente	în față	[in 'fatsə]
da frente	din față	[din 'fatsə]
em frente (para a frente)	înainte	[ina'inte]

atrás de ...	în urmă	[in 'urmə]
por detrás (vir ~)	din spate	[din 'spate]
para trás	înapoi	[ina'poj]

meio (m), metade (f)	mijloc (n)	['miʒlok]
no meio	la mijloc	[la 'miʒlok]

de lado	dintr-o parte	['dintro 'parte]
em todo lugar	peste tot	['peste tot]
ao redor (olhar ~)	în jur	[in ʒur]

de dentro	dinăuntru	[dinə'untru]
para algum lugar	undeva	[unde'va]
diretamente	direct	[di'rekt]
de volta	înapoi	[ina'poj]

de algum lugar	de undeva	[de unde'va]
de um lugar	de undeva	[de unde'va]

em primeiro lugar	în primul rând	[in 'primul rind]
em segundo lugar	în al doilea rând	[in al 'dojl¹a rind]
em terceiro lugar	în al treilea rând	[in al 'trejl¹a rind]

de repente	deodată	[deo'datə]
no início	la început	[la intʃe'put]
pela primeira vez	prima dată	['prima 'datə]
muito antes de ...	cu mult timp înainte de ...	[ku mult timp ina'inte de]
de novo, novamente	din nou	[din 'nou]
para sempre	pentru totdeauna	['pentru totd¹a'una]

nunca	niciodată	[nitʃio'datə]
de novo	iarăşi	['jarəʃ]
agora	acum	[a'kum]
frequentemente	des	[des]
então	atunci	[a'tuntʃi]
urgentemente	urgent	[ur'dʒent]
usualmente	de obicei	[de obi'tʃej]
a propósito, ...	apropo	[apro'po]
é possível	posibil	[po'sibil]

21

provavelmente	probabil	[pro'babil]
talvez	poate	[po'ate]
além disso, …	în afară de aceasta, …	[in a'farə de a'ʧasta]
por isso …	de aceea	[de a'ʧeja]
apesar de …	deşi …	[de'ʃi]
graças a …	datorită …	[dato'ritə]

que (pron.)	ce	[ʧe]
que (conj.)	că	[kə]
algo	ceva	[ʧe'va]
alguma coisa	ceva	[ʧe'va]
nada	nimic	[ni'mik]

quem	cine	['ʧine]
alguém (~ teve uma ideia …)	cineva	[ʧine'va]
alguém	cineva	[ʧine'va]

ninguém	nimeni	['nimenʲ]
para lugar nenhum	nicăieri	[nikə'erʲ]
de ninguém	al nimănui	[al nimə'nuj]
de alguém	al cuiva	[al kuj'va]

tão	aşa	[a'ʃa]
também (gostaria ~ de …)	de asemenea	[de a'semenʲa]
também (~ eu)	la fel	[la fel]

15. Palavras funcionais. Advérbios. Parte 2

Porquê?	De ce?	[de ʧe]
por alguma razão	nu se ştie de ce	[nu se 'ʃtie de ʧe]
porque …	pentru că …	['pentru kə]
por qualquer razão	cine ştie pentru ce	['ʧine 'ʃtie 'pentru ʧe]

e (tu ~ eu)	şi	[ʃi]
ou (ser ~ não ser)	sau	['sau]
mas (porém)	dar	[dar]
para (~ a minha mãe)	pentru	['pentru]

demasiado, muito	prea	[prʲa]
só, somente	numai	['numaj]
exatamente	exact	[e'gzakt]
cerca de (~ 10 kg)	vreo	['vrəo]

aproximadamente	aproximativ	[aproksima'tiv]
aproximado	aproximativ	[aproksima'tiv]
quase	aproape	[apro'ape]
resto (m)	restul	['restul]

cada	fiecare	[fie'kare]
qualquer	oricare	[ori'kare]
muito	mult	[mult]
muitas pessoas	mulţi	[mulʦ]
todos	toţi	[toʦ]
em troca de …	în schimb la …	[in 'skimb la]

em troca	în schimbul	[in 'skimbul]
à mão	manual	[manu'al]
pouco provável	puţin probabil	[pu'tsin pro'babil]

provavelmente	probabil	[pro'babil]
de propósito	intenţionat	[intentsio'nat]
por acidente	întâmplător	[intimplə'tor]

muito	foarte	[fo'arte]
por exemplo	de exemplu	[de e'gzemplu]
entre	între	['intre]
entre (no meio de)	printre	['printre]
tanto	atât	[a'tit]
especialmente	mai ales	[maj a'les]

Conceitos básicos. Parte 2

16. Opostos

rico	**bogat**	[bo'gat]
pobre	**sărac**	[sə'rak]
doente	**bolnav**	[bol'nav]
são	**sănătos**	[sənə'tos]
grande	**mare**	['mare]
pequeno	**mic**	[mik]
rapidamente	**repede**	['repede]
lentamente	**încet**	[in'ʧet]
rápido	**rapid**	[ra'pid]
lento	**lent**	[lent]
alegre	**vesel**	['vesel]
triste	**trist**	[trist]
juntos	**împreună**	[impre'unə]
separadamente	**separat**	[sepa'rat]
em voz alta (ler ~)	**cu voce tare**	[ku 'voʧe 'tare]
para si (em silêncio)	**în gând**	[in gind]
alto	**înalt**	[i'nalt]
baixo	**scund**	[skund]
profundo	**adânc**	[a'dink]
pouco fundo	**de adâncime mică**	[de adin'ʧime 'mikə]
sim	**da**	[da]
não	**nu**	[nu]
distante (no espaço)	**îndepărtat**	[indepər'tat]
próximo	**apropiat**	[apropi'jat]
longe	**departe**	[de'parte]
perto	**aproape**	[apro'ape]
longo	**lung**	[lung]
curto	**scurt**	[skurt]
bom, bondoso	**bun**	[bun]
mau	**rău**	['rəu]
casado	**căsătorit**	[kəsəto'rit]

solteiro	celibatar (m)	[tʃeliba'tar]
proibir (vt)	a interzice	[a inter'zitʃe]
permitir (vt)	a permite	[a per'mite]
fim (m)	sfârşit (n)	[sfir'ʃit]
começo (m)	început (n)	[intʃe'put]
esquerdo	stâng	[stiŋg]
direito	drept	[drept]
primeiro	primul	['primul]
último	ultimul	['ultimul]
crime (m)	crimă (f)	['krimə]
castigo (m)	pedeapsă (f)	[pe'dʲapsə]
ordenar (vt)	a ordona	[a ordo'na]
obedecer (vt)	a se supune	[a se su'pune]
reto	drept	[drept]
curvo	strâmb	[strimb]
paraíso (m)	rai (n)	[raj]
inferno (m)	iad (n)	[jad]
nascer (vi)	a se naşte	[a se 'naʃte]
morrer (vi)	a muri	[a mu'ri]
forte	puternic	[pu'ternik]
fraco, débil	slab	[slab]
idoso	bătrân	[bə'trin]
jovem	tânăr	['tinər]
velho	vechi	[vekʲ]
novo	nou	['nou]
duro	tare	['tare]
mole	moale	[mo'ale]
tépido	cald	[kald]
frio	rece	['retʃe]
gordo	gras	[gras]
magro	slab	[slab]
estreito	îngust	[in'gust]
largo	lat	[lat]
bom	bun	[bun]
mau	rău	['rəu]
valente	curajos	[kura'ʒos]
cobarde	fricos	[fri'kos]

17. Dias da semana

segunda-feira (f)	luni (f)	[lunʲ]
terça-feira (f)	marţi (f)	['marts']
quarta-feira (f)	miercuri (f)	['merkurʲ]
quinta-feira (f)	joi (f)	[ʒoj]
sexta-feira (f)	vineri (f)	['vinerʲ]
sábado (m)	sâmbătă (f)	['simbətə]
domingo (m)	duminică (f)	[du'minikə]

hoje	astăzi	['astəzʲ]
amanhã	mâine	['mijne]
depois de amanhã	poimâine	[poj'mine]
ontem	ieri	[jerʲ]
anteontem	alaltăieri	[a'laltəerʲ]

dia (m)	zi (f)	[zi]
dia (m) de trabalho	zi (f) de lucru	[zi de 'lukru]
feriado (m)	zi (f) de sărbătoare	[zi de sərbəto'are]
dia (m) de folga	zi (f) liberă	[zi 'liberə]
fim (m) de semana	zile (f pl) de odihnă	['zile de o'dihnə]

o dia todo	toată ziua	[to'atə 'ziwa]
no dia seguinte	a doua zi	['dowa zi]
há dois dias	cu două zile în urmă	[ku 'dowə 'zile in 'urmə]
na véspera	în ajun	[in a'ʒun]
diário	zilnic	['zilnik]
todos os dias	în fiecare zi	[in fie'kare zi]

semana (f)	săptămână (f)	[səptə'minə]
na semana passada	săptămâna trecută	[səptə'mina tre'kutə]
na próxima semana	săptămâna viitoare	[səptə'mina viito'are]
semanal	săptămânal	[səptəmi'nal]
cada semana	în fiecare săptămână	[in fie'kare səptə'minə]
duas vezes por semana	de două ori pe săptămână	[de 'dowə orʲ pe səptə'minə]
cada terça-feira	în fiecare marţi	[in fie'kare 'marts]

18. Horas. Dia e noite

manhã (f)	dimineaţă (f)	[dimi'nʲatsə]
de manhã	dimineaţa	[dimi'nʲatsa]
meio-dia (m)	amiază (f)	[a'mjazə]
à tarde	după masă	['dupə 'masə]

noite (f)	seară (f)	['sʲarə]
à noite (noitinha)	seara	['sʲara]
noite (f)	noapte (f)	[no'apte]
à noite	noaptea	[no'aptʲa]
meia-noite (f)	miezul (n) nopţii	['mezul 'noptsij]

segundo (m)	secundă (f)	[se'kundə]
minuto (m)	minut (n)	[mi'nut]
hora (f)	oră (f)	['orə]

meia hora (f)	jumătate de oră	[ʒumə'tate de 'orə]
quarto (m) de hora	un sfert de oră	[un sfert de 'orə]
quinze minutos	cincisprezece minute	['ʧinʧsprezeʧe mi'nute]
vinte e quatro horas	o zi (f)	[o zi]

nascer (m) do sol	răsărit (n)	[rəsə'rit]
amanhecer (m)	zori (m pl)	[zorʲ]
madrugada (f)	zori (m pl) de zi	[zorʲ de zi]
pôr do sol (m)	apus (n)	[a'pus]

de madrugada	dimineaţa devreme	[dimi'nʲaʦa de'vreme]
hoje de manhã	azi dimineaţă	[azʲ dimi'nʲaʦə]
amanhã de manhã	mâine dimineaţă	['mɨjne dimi'nʲaʦə]

hoje à tarde	această după-amiază	[a'ʧastə 'dupa ami'azə]
à tarde	după masă	['dupə 'masə]
amanhã à tarde	mâine după-masă	['mɨjne 'dupə 'masə]

| hoje à noite | astă-seară | ['astə 'sʲarə] |
| amanhã à noite | mâine seară | ['mɨjne 'sʲarə] |

às três horas em ponto	la ora trei fix	[la 'ora trej fiks]
por volta das quatro	în jur de ora patru	[ɨn ʒur de 'ora 'patru]
às doze	pe la ora douăsprezece	[pe la 'ora 'dowəsprezeʧe]

dentro de vinte minutos	peste douăzeci de minute	['peste dowə'zeʧi de mi'nute]
dentro duma hora	peste o oră	['peste o 'orə]
a tempo	la timp	[la timp]

menos um quarto	fără un sfert	['fərə un sfert]
durante uma hora	în decurs de o oră	[ɨn de'kurs de o 'orə]
a cada quinze minutos	la fiecare cincisprezece minute	[la fie'kare 'ʧinʧsprezeʧe mi'nute]
as vinte e quatro horas	zi şi noapte	[zi ʃi no'apte]

19. Meses. Estações

janeiro (m)	ianuarie (m)	[janu'arie]
fevereiro (m)	februarie (m)	[febru'arie]
março (m)	martie (m)	['martie]
abril (m)	aprilie (m)	[a'prilie]
maio (m)	mai (m)	[maj]
junho (m)	iunie (m)	['junie]

julho (m)	iulie (m)	['julie]
agosto (m)	august (m)	['august]
setembro (m)	septembrie (m)	[sep'tembrie]
outubro (m)	octombrie (m)	[ok'tombrie]
novembro (m)	noiembrie (m)	[no'embrie]
dezembro (m)	decembrie (m)	[de'ʧembrie]

primavera (f)	primăvară (f)	[primə'varə]
na primavera	primăvara	[primə'vara]
primaveril	de primăvară	[de primə'varə]

verão (m)	vară (f)	['varə]
no verão	vara	['vara]
de verão	de vară	[de 'varə]
outono (m)	toamnă (f)	[to'amnə]
no outono	toamna	[to'amna]
outonal	de toamnă	[de to'amnə]
inverno (m)	iarnă (f)	['jarnə]
no inverno	iarna	['jarna]
de inverno	de iarnă	[de 'jarnə]
mês (m)	lună (f)	['lunə]
este mês	în luna curentă	[in 'luna ku'rentə]
no próximo mês	în luna următoare	[in 'luna urməto'are]
no mês passado	în luna trecută	[in 'luna tre'kutə]
há um mês	o lună în urmă	[o 'lunə in 'urmə]
dentro de um mês	peste o lună	['peste o 'lunə]
dentro de dois meses	peste două luni	['peste 'dowə lunʲ]
todo o mês	luna întreagă	['luna in'trʲagə]
um mês inteiro	o lună întreagă	[o 'lunə in'trʲagə]
mensal	lunar	[lu'nar]
mensalmente	în fiecare lună	[in fie'kare 'lunə]
cada mês	fiecare lună	[fie'kare 'lunə]
duas vezes por mês	de două ori pe lună	[de 'dowə orʲ pe 'lunə]
ano (m)	an (m)	[an]
este ano	anul acesta	['anul a'ʧesta]
no próximo ano	anul viitor	['anul vii'tor]
no ano passado	anul trecut	['anul tre'kut]
há um ano	acum un an	[a'kum un an]
dentro dum ano	peste un an	['peste un an]
dentro de 2 anos	peste doi ani	['peste doj anʲ]
todo o ano	tot anul	[tot 'anul]
um ano inteiro	un an întreg	[un an in'treg]
cada ano	în fiecare an	[in fie'kare an]
anual	anual	[anu'al]
anualmente	în fiecare an	[in fie'kare an]
quatro vezes por ano	de patru ori pe an	[de 'patru orʲ pe an]
data (~ de hoje)	dată (f)	['datə]
data (ex. ~ de nascimento)	dată (f)	['datə]
calendário (m)	calendar (n)	[kalen'dar]
meio ano	jumătate (f) de an	[ʒumə'tate de an]
seis meses	jumătate (f) de an	[ʒumə'tate de an]
estação (f)	sezon (n)	[se'zon]
século (m)	veac (n)	[vʲak]

20. Tempo. Diversos

tempo (m)	timp (m)	[timp]
momento (m)	clipă (f)	['klipə]
instante (m)	moment (n)	[mo'mənt]
instantâneo	momentan	[momen'tan]
lapso (m) de tempo	perioadă (f)	[perio'adə]
vida (f)	viață (f)	['vjatsə]
eternidade (f)	veșnicie (f)	[veʃni'tʃie]

época (f)	epocă (f)	[e'pokə]
era (f)	eră (f)	['erə]
ciclo (m)	ciclu (n)	['tʃiklu]
período (m)	perioadă (f)	[perio'adə]
prazo (m)	termen (n)	['termen]

futuro (m)	viitor (n)	[vii'tor]
futuro	viitor	[vii'tor]
da próxima vez	data următoare	['data urməto'are]
passado (m)	trecut (n)	[tre'kut]
passado	trecut	[tre'kut]
na vez passada	data trecută	['data tre'kutə]

mais tarde	mai târziu	[maj tir'zju]
depois	după	['dupə]
atualmente	acum	[a'kum]
agora	acum	[a'kum]
imediatamente	imediat	[imedi'at]
em breve, brevemente	în curând	[in ku'rind]
de antemão	în prealabil	[in prʲa'labil]

há muito tempo	demult	[de'mult]
há pouco tempo	recent	[re'tʃent]
destino (m)	soartă (f)	[so'artə]
recordações (f pl)	memorie (f)	[me'morie]
arquivo (m)	arhivă (f)	[ar'hivə]

durante ...	în timpul ...	[in 'timpul]
durante muito tempo	îndelung	[inde'lung]
pouco tempo	puțin timp	[pu'tsin 'timp]
cedo (levantar-se ~)	devreme	[de'vreme]
tarde (deitar-se ~)	târziu	[tir'zju]

para sempre	pentru totdeauna	['pentru totdʲa'una]
começar (vt)	a începe	[a in'tʃepe]
adiar (vt)	a amâna	[a amɨ'na]

simultaneamente	concomitent	[konkomi'tent]
permanentemente	mereu	[me'reu]
constante (ruído, etc.)	permanent	[perma'nent]
temporário	temporar	[tempo'rar]

às vezes	uneori	[une'orʲ]
raramente	rar	[rar]
frequentemente	adesea	[a'desʲa]

21. Linhas e formas

quadrado (m)	pătrat (n)	[pə'trat]
quadrado	pătrat	[pə'trat]
círculo (m)	cerc (n)	[tʃerk]
redondo	rotund	[ro'tund]
triângulo (m)	triunghi (n)	[tri'ungʲ]
triangular	triunghiular	[trjungju'lar]
oval (f)	oval (n)	[o'val]
oval	oval	[o'val]
retângulo (m)	dreptunghi (n)	[drep'tungʲ]
retangular	dreptunghiular	[dreptungju'lar]
pirâmide (f)	piramidă (f)	[pira'midə]
rombo, losango (m)	romb (n)	[romb]
trapézio (m)	trapez (n)	[tra'pez]
cubo (m)	cub (n)	[kub]
prisma (m)	prismă (f)	['prizmə]
circunferência (f)	circumferinţă (f)	[tʃirkumfe'rintsə]
esfera (f)	sferă (f)	['sferə]
globo (m)	sferă (f)	['sferə]
diâmetro (m)	diametru (n)	[di'ametru]
raio (m)	rază (f)	['razə]
perímetro (m)	perimetru (n)	[peri'metru]
centro (m)	centru (n)	['tʃentru]
horizontal	orizontal	[orizon'tal]
vertical	vertical	[verti'kal]
paralela (f)	paralelă (f)	[para'lelə]
paralelo	paralel	[para'lel]
linha (f)	linie (f)	['linie]
traço (m)	linie (f)	['linie]
reta (f)	dreaptă (f)	['drʲaptə]
curva (f)	curbă (f)	['kurbə]
fino (linha ~a)	subţire	[sub'tsire]
contorno (m)	contur (n)	[kon'tur]
interseção (f)	intersecţie (f)	[inter'sektsie]
ângulo (m) reto	unghi (n) drept	[ungʲ drept]
segmento (m)	segment (n)	[seg'ment]
setor (m)	sector (n)	[sek'tor]
lado (de um triângulo, etc.)	latură (f)	['laturə]
ângulo (m)	unghi (n)	[ungʲ]

22. Unidades de medida

peso (m)	greutate (f)	[greu'tate]
comprimento (m)	lungime (f)	[lun'dʒime]
largura (f)	lăţime (f)	[lə'tsime]
altura (f)	înălţime (f)	[inəl'tsime]

profundidade (f)	adâncime (f)	[adɨn'ʧime]
volume (m)	volum (n)	[vo'lum]
área (f)	suprafață (f)	[supra'tatsə]

grama (m)	gram (n)	[gram]
miligrama (m)	miligram (n)	[mili'gram]
quilograma (m)	kilogram (n)	[kilo'gram]
tonelada (f)	tonă (f)	['tonə]
libra (453,6 gramas)	funt (m)	[funt]
onça (f)	uncie (f)	['unʧie]

metro (m)	metru (m)	['metru]
milímetro (m)	milimetru (m)	[mili'metru]
centímetro (m)	centimetru (m)	[ʧenti'metru]
quilómetro (m)	kilometru (m)	[kilo'metru]
milha (f)	milă (f)	['milə]

polegada (f)	țol (m)	[tsol]
pé (304,74 mm)	picior (m)	[pi'ʧior]
jarda (914,383 mm)	yard (m)	[jard]

| metro (m) quadrado | metru (m) pătrat | ['metru pə'trat] |
| hectare (m) | hectar (n) | [hek'tar] |

litro (m)	litru (m)	['litru]
grau (m)	grad (n)	[grad]
volt (m)	volt (m)	[volt]
ampere (m)	amper (m)	[am'per]
cavalo-vapor (m)	cal-putere (m)	[kal pu'tere]

quantidade (f)	cantitate (f)	[kanti'tate]
um pouco de ...	puțin ...	[pu'tsin]
metade (f)	jumătate (f)	[ʒumə'tate]
dúzia (f)	duzină (f)	[du'zinə]
peça (f)	bucată (f)	[bu'katə]

| dimensão (f) | dimensiune (f) | [dimensi'une] |
| escala (f) | proporție (f) | [pro'portsie] |

mínimo	minim	['minim]
menor, mais pequeno	cel mai mic	[ʧel maj mik]
médio	de, din mijloc	[de, din 'miʒlok]
máximo	maxim	['maksim]
maior, mais grande	cel mai mare	[ʧel maj 'mare]

23. Recipientes

boião (m) de vidro	borcan (n)	[bor'kan]
lata (~ de cerveja)	cutie (f)	[ku'tie]
balde (m)	găleată (f)	[gə'lʲatə]
barril (m)	butoi (n)	[bu'toj]

| bacia (~ de plástico) | lighean (n) | [li'gʲan] |
| tanque (m) | rezervor (n) | [rezer'vor] |

cantil (m) de bolso	damigeană (f)	[dami'dʒanə]
bidão (m) de gasolina	canistră (f)	[ka'nistrə]
cisterna (f)	cisternă (f)	[ʧis'ternə]
caneca (f)	cană (f)	['kanə]
chávena (f)	ceaşcă (f)	['ʧaʃkə]
pires (m)	farfurioară (f)	[farfurio'arə]
copo (m)	pahar (n)	[pa'har]
taça (f) de vinho	cupă (f)	['kupə]
panela, caçarola (f)	cratiță (f)	['kratiʦə]
garrafa (f)	sticlă (f)	['stiklə]
gargalo (m)	gâtul (n) sticlei	['gitul 'stiklej]
jarro, garrafa (f)	garafă (f)	[ga'rafə]
jarro (m) de barro	ulcior (n)	[ul'ʧior]
recipiente (m)	vas (n)	[vas]
pote (m)	oală (f)	[o'alə]
vaso (m)	vază (f)	['vazə]
frasco (~ de perfume)	flacon (n)	[fla'kon]
frasquinho (ex. ~ de iodo)	sticluță (f)	[sti'kluʦə]
tubo (~ de pasta dentífrica)	tub (n)	[tub]
saca (ex. ~ de açúcar)	sac (m)	[sak]
saco (~ de plástico)	pachet (n)	[pa'ket]
maço (m)	pachet (n)	[pa'ket]
caixa (~ de sapatos, etc.)	cutie (f)	[ku'tie]
caixa (~ de madeira)	ladă (f)	['ladə]
cesta (f)	coş (n)	[koʃ]

24. Materiais

material (m)	material (n)	[materi'al]
madeira (f)	lemn (n)	[lemn]
de madeira	de, din lemn	[de, din lemn]
vidro (m)	sticlă (f)	['stiklə]
de vidro	de, din sticlă	[de, din 'stiklə]
pedra (f)	piatră (f)	['pjatrə]
de pedra	de, din piatră	[de, din 'pjatrə]
plástico (m)	masă (f) plastică	['masə 'plastikə]
de plástico	de, din masă plastică	[de, din 'masə 'plastikə]
borracha (f)	cauciuc (n)	[kau'ʧuk]
de borracha	de, din cauciuc	[de, din kau'ʧiuk]
tecido, pano (m)	ţesătură (f)	[ʦesə'turə]
de tecido	de, din ţesătură	[de, din ʦesə'turə]
papel (m)	hârtie (f)	[hir'tie]
de papel	de, din hârtie	[de, din hir'tie]

cartão (m)	carton (n)	[kar'ton]
de cartão	de, din carton	[de, din kar'ton]
polietileno (m)	polietilenă (f)	[polieti'lenə]
celofane (m)	celofan (n)	[ʧelo'fan]
contraplacado (m)	furnir (n)	[fur'nir]
porcelana (f)	porțelan (n)	[porʦe'lan]
de porcelana	de, din porțelan	[de, din porʦe'lan]
barro (f)	argilă (f)	[ar'dʒilə]
de barro	de lut	[de 'lut]
cerâmica (f)	ceramică (f)	[ʧe'ramikə]
de cerâmica	de, din ceramică	[de, din ʧe'ramikə]

25. Metais

metal (m)	metal (n)	[me'tal]
metálico	de, din metal	[de, din me'tal]
liga (f)	aliaj (n)	[a'ljaʒ]
ouro (m)	aur (n)	['aur]
de ouro	de, din aur	[de, din 'aur]
prata (f)	argint (n)	[ar'dʒint]
de prata	de, din argint	[de, din ar'dʒint]
ferro (m)	fier (n)	[fier]
de ferro	de, din fier	[de, din 'fjer]
aço (m)	oțel (m)	[o'ʦel]
de aço	de, din oțel	[de, din o'ʦel]
cobre (m)	cupru (n)	['kupru]
de cobre	de, din cupru	[de, din 'kupru]
alumínio (m)	aluminiu (n)	[alu'miniu]
de alumínio	de, din aluminiu	[de, din alu'miniu]
bronze (m)	bronz (n)	[bronz]
de bronze	de, din bronz	[de, din bronz]
latão (m)	alamă (f)	[a'lamə]
níquel (m)	nichel (n)	['nikel]
platina (f)	platină (f)	['platinə]
mercúrio (m)	mercur (n)	[mer'kur]
estanho (m)	cositor (n)	[kosi'tor]
chumbo (m)	plumb (n)	[plumb]
zinco (m)	zinc (n)	[zink]

O SER HUMANO

O ser humano. O corpo

26. Humanos. Conceitos básicos

ser (m) humano	om (m)	[om]
homem (m)	bărbat (m)	[bər'bat]
mulher (f)	femeie (f)	[fe'meje]
criança (f)	copil (m)	[ko'pil]
menina (f)	fată (f)	['fatə]
menino (m)	băiat (m)	[bə'jat]
adolescente (m)	adolescent (m)	[adoles'tʃent]
velho (m)	bătrân (m)	[bə'trin]
velha, anciã (f)	bătrână (f)	[bə'trinə]

27. Anatomia humana

organismo (m)	organism (n)	[orga'nizm]
coração (m)	inimă (f)	['inimə]
sangue (m)	sânge (n)	['sindʒe]
artéria (f)	arteră (f)	[ar'terə]
veia (f)	venă (f)	['venə]
cérebro (m)	creier (m)	['krejer]
nervo (m)	nerv (m)	[nerv]
nervos (m pl)	nervi (m pl)	[nervʲ]
vértebra (f)	vertebră (f)	[ver'tebrə]
coluna (f) vertebral	coloană (f) vertebrală	[kolo'anə verte'bralə]
estômago (m)	stomac (n)	[sto'mak]
intestinos (m pl)	intestin (n)	[intes'tin]
intestino (m)	intestin (n)	[intes'tin]
fígado (m)	ficat (m)	[fi'kat]
rim (m)	rinichi (m)	[ri'nikʲ]
osso (m)	os (n)	[os]
esqueleto (m)	schelet (n)	[ske'let]
costela (f)	coastă (f)	[ko'astə]
crânio (m)	craniu (n)	['kranju]
músculo (m)	muşchi (m)	[muʃkʲ]
bíceps (m)	biceps (m)	['bitʃeps]
tríceps (m)	triceps (m)	['tritʃeps]
tendão (m)	tendon (n)	[ten'don]
articulação (f)	încheietură (f)	[inkeje'turə]

pulmões (m pl)	plămâni (m pl)	[plə'minɪ]
órgãos (m pl) genitais	organe (n pl) genitale	[or'gane dʒeni'tale]
pele (f)	piele (f)	['pjele]

28. Cabeça

cabeça (f)	cap (n)	[kap]
cara (f)	faţă (f)	['fatsə]
nariz (m)	nas (n)	[nas]
boca (f)	gură (f)	['gurə]

olho (m)	ochi (m)	[okɪ]
olhos (m pl)	ochi (m pl)	[okɪ]
pupila (f)	pupilă (f)	[pu'pilə]
sobrancelha (f)	sprânceană (f)	[sprin'tʃanə]
pestana (f)	geană (f)	['dʒanə]
pálpebra (f)	pleoapă (f)	[pleo'apə]

língua (f)	limbă (f)	['limbə]
dente (m)	dinte (m)	['dinte]
lábios (m pl)	buze (f pl)	['buze]
maçãs (f pl) do rosto	pomeţi (m pl)	[po'metsɪ]
gengiva (f)	gingie (f)	[dʒin'dʒie]
palato (m)	palat (n)	[pa'lat]

narinas (f pl)	nări (f pl)	[nərɪ]
queixo (m)	bărbie (f)	[bər'bie]
mandíbula (f)	maxilar (n)	[maksi'lar]
bochecha (f)	obraz (m)	[o'braz]

testa (f)	frunte (f)	['frunte]
têmpora (f)	tâmplă (f)	['timplə]
orelha (f)	ureche (f)	[u'reke]
nuca (f)	ceafă (f)	['tʃafə]
pescoço (m)	gât (n)	[git]
garganta (f)	gât (n)	[git]

cabelos (m pl)	păr (m)	[pər]
penteado (m)	coafură (f)	[koa'furə]
corte (m) de cabelo	tunsoare (f)	[tunso'are]
peruca (f)	perucă (f)	[pe'rukə]

bigode (m)	mustăţi (f pl)	[mus'tətsɪ]
barba (f)	barbă (f)	['barbə]
usar, ter (~ barba, etc.)	a purta	[a pur'ta]
trança (f)	cosiţă (f)	[ko'sitsə]
suíças (f pl)	favoriţi (m pl)	[favo'ritsɪ]

ruivo	roşcat	[roʃ'kat]
grisalho	cărunt	[kə'runt]
calvo	chel	[kel]
calva (f)	chelie (f)	[ke'lie]
rabo-de-cavalo (m)	coadă (f)	[ko'adə]
franja (f)	breton (n)	[bre'ton]

35

29. Corpo humano

mão (f)	**mână** (f)	['minə]
braço (m)	**braț** (n)	[brats]
dedo (m)	**deget** (n)	['dedʒet]
polegar (m)	**degetul** (n) **mare**	['dedʒetul 'mare]
dedo (m) mindinho	**degetul** (n) **mic**	['dedʒetul mik]
unha (f)	**unghie** (f)	['ungie]
punho (m)	**pumn** (m)	[pumn]
palma (f) da mão	**palmă** (f)	['palmə]
pulso (m)	**încheietura** (f) **mâinii**	[inkeje'tura 'minij]
antebraço (m)	**antebraț** (n)	[ante'brats]
cotovelo (m)	**cot** (n)	[kot]
ombro (m)	**umăr** (m)	['umər]
perna (f)	**picior** (n)	[pi'tʃior]
pé (m)	**talpă** (f)	['talpə]
joelho (m)	**genunchi** (n)	[dʒe'nunkⁱ]
barriga (f) da perna	**pulpă** (f)	['pulpə]
anca (f)	**coapsă** (f)	[ko'apsə]
calcanhar (m)	**călcâi** (n)	[kəl'kij]
corpo (m)	**corp** (n)	[korp]
barriga (f)	**burtă** (f)	['burtə]
peito (m)	**piept** (n)	[pjept]
seio (m)	**sân** (m)	[sin]
lado (m)	**coastă** (f)	[ko'astə]
costas (f pl)	**spate** (n)	['spate]
região (f) lombar	**regiune** (f) **lombară**	[redʒi'une lom'barə]
cintura (f)	**talie** (f)	['talie]
umbigo (m)	**buric** (n)	[bu'rik]
nádegas (f pl)	**fese** (f pl)	['fese]
traseiro (m)	**șezut** (n)	[ʃə'zut]
sinal (m)	**aluniță** (f)	[alu'nitsə]
sinal (m) de nascença	**semn** (n) **din naștere**	[semn din 'naʃtere]
tatuagem (f)	**tatuaj** (n)	[tatu'aʒ]
cicatriz (f)	**cicatrice** (f)	[tʃika'tritʃe]

Vestuário & Acessórios

30. Roupa exterior. Casacos

roupa (f)	îmbrăcăminte (f)	[ɪmbrəkə'minte]
roupa (f) exterior	haină (f)	['hajnə]
roupa (f) de inverno	îmbrăcăminte (f) de iarnă	[ɪmbrəkə'minte de 'jarnə]
sobretudo (m)	palton (n)	[pal'ton]
casaco (m) de peles	şubă (f)	['ʃubə]
casaco curto (m) de peles	scurtă (f) îmblănită	['skurtə imblə'nitə]
casaco (m) acolchoado	scurtă (f) de puf	['skurtə de 'puf]
casaco, blusão (m)	scurtă (f)	['skurtə]
impermeável (m)	trenci (f)	[trentʃi]
impermeável	impermeabil (n)	[imperme'abil]

31. Vestuário de homem & mulher

camisa (f)	cămaşă (f)	[kə'maʃə]
calças (f pl)	pantaloni (m pl)	[panta'lonʲ]
calças (f pl) de ganga	blugi (m pl)	[bluʤʲ]
casaco (m) de fato	sacou (n)	[sa'kou]
fato (m)	costum (n)	[kos'tum]
vestido (ex. ~ vermelho)	rochie (f)	['rokie]
saia (f)	fustă (f)	['fustə]
blusa (f)	bluză (f)	['bluzə]
casaco (m) de malha	jachetă (f) tricotată	[ʒa'ketə triko'tatə]
casaco, blazer (m)	jachetă (f)	[ʒa'ketə]
T-shirt, camiseta (f)	tricou (n)	[tri'kou]
calções (Bermudas, etc.)	şorturi (n pl)	['ʃorturʲ]
fato (m) de treino	costum (n) sportiv	[kos'tum spor'tiv]
roupão (m) de banho	halat (n)	[ha'lat]
pijama (m)	pijama (f)	[piʒa'ma]
suéter (m)	sveter (n)	['sveter]
pulôver (m)	pulover (n)	[pu'lover]
colete (m)	vestă (f)	['vestə]
fraque (m)	frac (n)	[frak]
smoking (m)	smoching (n)	['smoking]
uniforme (m)	uniformă (f)	[uni'formə]
roupa (f) de trabalho	haină (f) de lucru	['hajnə de 'lukru]
fato-macaco (m)	salopetă (f)	[salo'petə]
bata (~ branca, etc.)	halat (n)	[ha'lat]

32. Vestuário. Roupa interior

roupa (f) interior	lenjerie (f) de corp	[lenʒe'rie de 'korp]
camisola (f) interior	maiou (n)	[ma'jou]
peúgas (f pl)	şosete (f pl)	[ʃo'sete]
camisa (f) de noite	cămaşă (f) de noapte	[kə'maʃə de no'apte]
sutiã (m)	sutien (n)	[su'tjen]
meias longas (f pl)	ciorapi (m pl)	[ʧio'rapʲ]
meia-calça (f)	ciorapi pantalon (m pl)	[ʧio'rapʲ panta'lon]
meias (f pl)	ciorapi (m pl)	[ʧio'rapʲ]
fato (m) de banho	costum (n) de baie	[kos'tum de 'bae]

33. Adereços de cabeça

chapéu (m)	căciulă (f)	[kə'ʧiulə]
chapéu (m) de feltro	pălărie (f)	[pələ'rie]
boné (m) de beisebol	şapcă (f)	['ʃapkə]
boné (m)	chipiu (n)	[ki'pju]
boina (f)	beretă (f)	[be'retə]
capuz (m)	glugă (f)	['glugə]
panamá (m)	panama (f)	[pana'ma]
gorro (m) de malha	căciulă (f) împletită	[kə'ʧiulə imple'titə]
lenço (m)	basma (f)	[bas'ma]
chapéu (m) de mulher	pălărie (f) de damă	[pələ'rie de 'damə]
capacete (m) de proteção	cască (f)	['kaskə]
bibico (m)	bonetă (f)	[bo'netə]
capacete (m)	coif (n)	[kojf]
chapéu-coco (m)	pălărie (f)	[pələ'rie]
chapéu (m) alto	joben (n)	[ʒo'ben]

34. Calçado

calçado (m)	încălţăminte (f)	[inkəltsə'minte]
botinas (f pl)	ghete (f pl)	['gete]
sapatos (de salto alto, etc.)	pantofi (m pl)	[pan'tofʲ]
botas (f pl)	cizme (f pl)	['ʧizme]
pantufas (f pl)	şlapi (m pl)	[ʃlapʲ]
ténis (m pl)	adidaşi (m pl)	[a'didaʃ]
sapatilhas (f pl)	tenişi (m pl)	['teniʃ]
sandálias (f pl)	sandale (f pl)	[san'dale]
sapateiro (m)	cizmar (m)	[ʧiz'mar]
salto (m)	toc (n)	[tok]
par (m)	pereche (f)	[pe'reke]
atacador (m)	şiret (n)	[ʃi'ret]

apertar os atacadores	a şnurui	[a ʃnuru'i]
calçadeira (f)	lingură (f) pentru pantofi	['lingurə 'pentru pan'tofʲ]
graxa (f) para calçado	cremă (f) de ghete	['kremə de 'gete]

35. Têxtil. Tecidos

algodão (m)	bumbac (m)	[bum'bak]
de algodão	de, din bumbac	[de, din bum'bak]
linho (m)	in (n)	[in]
de linho	de, din in	[de, din in]

seda (f)	mătase (f)	[mə'tase]
de seda	de, din mătase	[de, din mə'tase]
lã (f)	lână (f)	['linə]
de lã	de, din lână	[de, din 'linə]

veludo (m)	catifea (f)	[kati'fʲa]
camurça (f)	piele (f) întoarsă	['pjele into'arsə]
bombazina (f)	ţesătură de bumbac catifelată (f)	[tsesə'turə de bum'bak katife'latə]

náilon (m)	nailon (n)	[naj'lon]
de náilon	de, din nailon	[de, din naj'lon]
poliéster (m)	poliester (n)	[polies'ter]
de poliéster	de, din poliester	[de, din polies'ter]

couro (m)	piele (f)	['pjele]
de couro	de, din piele	[de, din 'pjele]
pele (f)	blană (f)	['blanə]
de peles, de pele	de, din blană	[de, din 'blanə]

36. Acessórios pessoais

luvas (f pl)	mănuşi (f pl)	[mə'nuʃ]
mitenes (f pl)	mănuşi (f pl) cu un singur deget	[mə'nuʃ ku un 'singur 'dedʒet]
cachecol (m)	fular (m)	[fu'lar]

óculos (m pl)	ochelari (m pl)	[oke'larʲ]
armação (f) de óculos	ramă (f)	['ramə]
guarda-chuva (m)	umbrelă (f)	[um'brelə]
bengala (f)	baston (n)	[bas'ton]
escova (f) para o cabelo	perie (f) de păr	[pe'rie de pər]
leque (m)	evantai (n)	[evan'taj]

gravata (f)	cravată (f)	[kra'vatə]
gravata-borboleta (f)	papion (n)	[papi'on]
suspensórios (m pl)	bretele (f pl)	[bre'tele]
lenço (m)	batistă (f)	[ba'tistə]

| pente (m) | pieptene (m) | ['pjeptəne] |
| travessão (m) | agrafă (f) | [a'grafə] |

gancho (m) de cabelo	ac (n) de păr	[ak de pər]
fivela (f)	cataramă (f)	[kata'ramə]

cinto (m)	cordon (n)	[kor'don]
correia (f)	curea (f)	[ku'rʲa]

mala (f)	geantă (f)	['dʒantə]
mala (f) de senhora	poşetă (f)	[po'ʃətə]
mochila (f)	rucsac (n)	[ruk'sak]

37. Vestuário. Diversos

moda (f)	modă (f)	['modə]
na moda	la modă	[la 'modə]
estilista (m)	modelier (n)	[mode'ljer]

colarinho (m), gola (f)	guler (n)	['guler]
bolso (m)	buzunar (n)	[buzu'nar]
de bolso	de buzunar	[de buzu'nar]
manga (f)	mânecă (f)	['minekə]
alcinha (f)	gaică (f)	['gajkə]
braguilha (f)	şliţ (n)	[ʃlits]

fecho (m) de correr	fermoar (n)	[fermo'ar]
fecho (m), colchete (m)	capsă (f)	['kapsə]
botão (m)	nasture (m)	['nasture]
casa (f) de botão	butonieră (f)	[buto'njerə]
soltar-se (vr)	a se rupe	[a se 'rupe]

coser, costurar (vi)	a coase	[a ko'ase]
bordar (vt)	a broda	[a bro'da]
bordado (m)	broderie (f)	[brode'rie]
agulha (f)	ac (n)	[ak]
fio (m)	aţă (f)	['atsə]
costura (f)	cusătură (f)	[kusə'turə]

sujar-se (vr)	a se murdări	[a se murdə'ri]
mancha (f)	pată (f)	['patə]
engelhar-se (vr)	a se şifona	[a se ʃifo'na]
rasgar (vt)	a rupe	[a 'rupe]
traça (f)	molie (f)	['molie]

38. Cuidados pessoais. Cosméticos

pasta (f) de dentes	pastă (f) de dinţi	['pastə de dintsʲ]
escova (f) de dentes	periuţă (f) de dinţi	[peri'utsə de dintsʲ]
escovar os dentes	a se spăla pe dinţi	[a se spə'la pe dintsʲ]

máquina (f) de barbear	brici (n)	['britʃi]
creme (m) de barbear	cremă (f) de bărbierit	['kremə de bərbie'rit]
barbear-se (vr)	a se bărbieri	[a se bərbie'ri]
sabonete (m)	săpun (n)	[sə'pun]

champô (m)	şampon (n)	[ʃam'pon]
tesoura (f)	foarfece (n)	[fo'arfetʃe]
lima (f) de unhas	pilă (f) de unghii	['pilə de 'ungij]
corta-unhas (m)	cleştişor (n)	[kleʃti'ʃor]
pinça (f)	pensetă (f)	[pen'setə]

cosméticos (m pl)	cosmetică (f)	[kos'metikə]
máscara (f) facial	mască (f)	['maskə]
manicura (f)	manichiură (f)	[mani'kjurə]
fazer a manicura	a face manichiura	[a 'fatʃe mani'kjura]
pedicure (f)	pedichiură (f)	[pedi'kjurə]

mala (f) de maquilhagem	trusă (f) de cosmetică	['trusə de kos'metikə]
pó (m)	pudră (f)	['pudrə]
caixa (f) de pó	pudrieră (f)	[pudri'erə]
blush (m)	fard de obraz (n)	[fard de o'braz]

perfume (m)	parfum (n)	[par'fum]
água (f) de toilette	apă de toaletă (f)	['apə de toa'letə]
loção (f)	loţiune (f)	[lotsi'une]
água-de-colónia (f)	colonie (f)	[ko'lonie]

sombra (f) de olhos	fard (n) de pleoape	[fard 'pentru pleo'ape]
lápis (m) delineador	creion (n) de ochi	[kre'jon 'pentru okʲ]
máscara (f), rímel (m)	rimel (n)	[ri'mel]

batom (m)	ruj (n)	[ruʒ]
verniz (m) de unhas	ojă (f)	['oʒə]
laca (f) para cabelos	gel (n) de păr	[dʒel de pər]
desodorizante (m)	deodorant (n)	[deodo'rant]

creme (m)	cremă (f)	['kremə]
creme (m) de rosto	cremă (f) de faţă	['kremə de 'fatsə]
creme (m) de mãos	cremă (f) pentru mâini	['kremə 'pentru minʲ]
creme (m) antirrugas	cremă (f) anti-rid	['kremə 'anti rid]
de dia	de zi	[de zi]
da noite	de noapte	[de no'apte]

tampão (m)	tampon (n)	[tam'pon]
papel (m) higiénico	hârtie (f) igienică	[hir'tie idʒi'enikə]
secador (m) elétrico	uscător (n) de păr	[uskə'tor de pər]

39. Joalheria

joias (f pl)	giuvaeruri (n pl)	[dʒiuva'erurʲ]
precioso	preţios	[pretsi'os]
marca (f) de contraste	marcă (f)	['markə]

anel (m)	inel (n)	[i'nel]
aliança (f)	verighetă (f)	[veri'getə]
pulseira (f)	brăţară (f)	[brə'tsarə]

brincos (m pl)	cercei (m pl)	[tʃer'tʃej]
colar (m)	colier (n)	[ko'ljer]

coroa (f)	coroană (f)	[koro'anə]
colar (m) de contas	mărgele (f pl)	[mər'dʒele]

diamante (m)	briliant (n)	[brili'ant]
esmeralda (f)	smarald (n)	[sma'rald]
rubi (m)	rubin (n)	[ru'bin]
safira (f)	safir (n)	[sa'fir]
pérola (f)	perlă (f)	['perlə]
âmbar (m)	chihlimbar (n)	[kihlim'bar]

40. Relógios de pulso. Relógios

relógio (m) de pulso	ceas (n) de mână	[tʃas de 'minə]
mostrador (m)	cadran (n)	[ka'dran]
ponteiro (m)	acul (n) ceasornicului	['akul tʃasor'nikuluj]
bracelete (f) em aço	brățară (f)	[brə'tsarə]
bracelete (f) em couro	curea (f)	[ku'r'a]

pilha (f)	baterie (f)	[bate'rie]
descarregar-se	a se termina	[a se termi'na]
trocar a pilha	a schimba bateria	[a skim'ba bate'rija]
estar adiantado	a merge înainte	[a 'merdʒe ina'inte]
estar atrasado	a rămâne în urmă	[a rə'mine in 'urmə]

relógio (m) de parede	pendulă (f)	[pen'dulə]
ampulheta (f)	clepsidră (f)	[klep'sidrə]
relógio (m) de sol	cadran (n) solar	[ka'dran so'lar]
despertador (m)	ceas (n) deşteptător	[tʃas deʃteptə'tor]
relojoeiro (m)	ceasornicar (m)	[tʃasorni'kar]
reparar (vt)	a repara	[a repa'ra]

Alimentação. Nutrição

41. Comida

carne (f)	carne (f)	['karne]
galinha (f)	carne (f) de găină	['karne de gǝ'inǝ]
frango (m)	carne (f) de pui	['karne de puj]
pato (m)	carne (f) de raţă	['karne de 'ratsǝ]
ganso (m)	carne (f) de gâscă	['karne de 'gǝiskǝ]
caça (f)	vânat (n)	[vi'nat]
peru (m)	carne (f) de curcan	['karne de 'kurkan]

carne (f) de porco	carne (f) de porc	['karne de pork]
carne (f) de vitela	carne (f) de viţel	['karne de vi'tsel]
carne (f) de carneiro	carne (f) de berbec	['karne de ber'bek]
carne (f) de vaca	carne (f) de vită	['karne de 'vitǝ]
carne (f) de coelho	carne (f) de iepure de casă	['karne de 'epure de 'kasǝ]

chouriço, salsichão (m)	salam (n)	[sa'lam]
salsicha (f)	crenvurşt (n)	[kren'vurʃt]
bacon (m)	costiţă (f) afumată	[kos'titsǝ afu'matǝ]
fiambre (f)	şuncă (f)	['ʃunkǝ]
presunto (m)	pulpă (f)	['pulpǝ]

patê (m)	pateu (n)	[pa'teu]
fígado (m)	ficat (m)	[fi'kat]
carne (f) moída	carne (f) tocată	['karne to'katǝ]
língua (f)	limbă (f)	['limbǝ]

ovo (m)	ou (n)	['ow]
ovos (m pl)	ouă (n pl)	['owǝ]
clara (f) do ovo	albuş (n)	[al'buʃ]
gema (f) do ovo	gălbenuş	[gǝlbe'nuʃ]

peixe (m)	peşte (m)	['peʃte]
mariscos (m pl)	produse (n pl) marine	[pro'duse ma'rine]
caviar (m)	icre (f pl) de peşte	['ikre de 'peʃte]

caranguejo (m)	crab (m)	[krab]
camarão (m)	crevetă (f)	[kre'vetǝ]
ostra (f)	stridie (f)	['stridie]
lagosta (f)	langustă (f)	[lan'gustǝ]
polvo (m)	caracatiţă (f)	[kara'katitsǝ]
lula (f)	calmar (m)	[kal'mar]

esturjão (m)	carne (f) de nisetru	['karne de ni'setru]
salmão (m)	somon (m)	[so'mon]
halibute (m)	calcan (m)	[kal'kan]
bacalhau (m)	batog (m)	[ba'tog]
cavala, sarda (f)	macrou (n)	[ma'krou]

| atum (m) | ton (m) | [ton] |
| enguia (f) | ţipar (m) | [tsi'par] |

truta (f)	păstrăv (m)	[pəs'trəv]
sardinha (f)	sardea (f)	[sar'dʲa]
lúcio (m)	ştiucă (f)	['ʃtjukə]
arenque (m)	scrumbie (f)	[skrum'bie]

pão (m)	pâine (f)	['pine]
queijo (m)	caşcaval (n)	['brinzə]
açúcar (m)	zahăr (n)	['zahər]
sal (m)	sare (f)	['sare]

arroz (m)	orez (n)	[o'rez]
massas (f pl)	paste (f pl)	['paste]
talharim (m)	tăiţei (m)	[təi'tsej]

manteiga (f)	unt (n)	['unt]
óleo (m) vegetal	ulei (n) vegetal	[u'lej vedʒe'tal]
óleo (m) de girassol	ulei (n) de floarea-soarelui	[u'lej de flo'arʲa so'areluj]
margarina (f)	margarină (f)	[marga'rinə]

| azeitonas (f pl) | olive (f pl) | [o'live] |
| azeite (m) | ulei (n) de măsline | [u'lej de məs'line] |

leite (m)	lapte (n)	['lapte]
leite (m) condensado	lapte (n) condensat	['lapte konden'sat]
iogurte (m)	iaurt (n)	[ja'urt]
nata (f) azeda	smântână (f)	[smin'tinə]
nata (f) do leite	frişcă (f)	['friʃkə]

| maionese (f) | maioneză (f) | [majo'nezə] |
| creme (m) | cremă (f) | ['kremə] |

grãos (m pl) de cereais	crupe (f pl)	['krupe]
farinha (f)	făină (f)	[fə'inə]
enlatados (m pl)	conserve (f pl)	[kon'serve]

flocos (m pl) de milho	fulgi (m pl) de porumb	['fuldʒʲ de po'rumb]
mel (m)	miere (f)	['mjere]
doce (m)	gem (n)	[dʒem]
pastilha (f) elástica	gumă (f) de mestecat	['gumə de meste'kat]

42. Bebidas

água (f)	apă (f)	['apə]
água (f) potável	apă (f) potabilă	['apə po'tabilə]
água (f) mineral	apă (f) minerală	['apə mine'ralə]

sem gás	necarbogazoasă	[nekarbogazo'asə]
gaseificada	carbogazoasă	[karbogazo'asə]
com gás	gazoasă	[gazo'asə]
gelo (m)	gheaţă (f)	['gʲatsə]
com gelo	cu gheaţă	[ku 'gʲatsə]

sem álcool	fără alcool	['fərə alko'ol]
bebida (f) sem álcool	băutură (f) fără alcool	[bəu'turə fərə alko'ol]
refresco (m)	băutură (f) răcoritoare	[bəu'turə rəkorito'are]
limonada (f)	limonadă (f)	[limo'nadə]

bebidas (f pl) alcoólicas	băuturi (f pl) alcoolice	[bəu'turi alko'olitʃe]
vinho (m)	vin (n)	[vin]
vinho (m) branco	vin (n) alb	[vin alb]
vinho (m) tinto	vin (n) roşu	[vin 'roʃu]

licor (m)	lichior (n)	[li'kør]
champanhe (m)	şampanie (f)	[ʃam'panie]
vermute (m)	vermut (n)	[ver'mut]

uísque (m)	whisky (n)	['wiski]
vodka (f)	votcă (f)	['votkə]
gim (m)	gin (n)	[dʒin]
conhaque (m)	coniac (n)	[ko'njak]
rum (m)	rom (n)	[rom]

café (m)	cafea (f)	[ka'fia]
café (m) puro	cafea (f) neagră	[ka'fia 'niagrə]
café (m) com leite	cafea (f) cu lapte	[ka'fia ku 'lapte]
cappuccino (m)	cafea (f) cu frişcă	[ka'fia ku 'friʃkə]
café (m) solúvel	cafea (f) solubilă	[ka'fia so'lubilə]

leite (m)	lapte (n)	['lapte]
coquetel (m)	cocteil (n)	[kok'tejl]
batido (m) de leite	cocteil (n) din lapte	[kok'tejl din 'lapte]

sumo (m)	suc (n)	[suk]
sumo (m) de tomate	suc (n) de roşii	[suk de 'roʃij]
sumo (m) de laranja	suc (n) de portocale	[suk de porto'kale]
sumo (m) fresco	suc (n) natural	[suk natu'ral]

cerveja (f)	bere (f)	['bere]
cerveja (f) clara	bere (f) blondă	['bere 'blondə]
cerveja (f) preta	bere (f) brună	['bere 'brunə]

chá (m)	ceai (n)	[tʃaj]
chá (m) preto	ceai (n) negru	[tʃaj 'negru]
chá (m) verde	ceai (n) verde	[tʃaj 'verde]

43. Vegetais

legumes (m pl)	legume (f pl)	[le'gume]
verduras (f pl)	verdeaţă (f)	[ver'diatsə]

tomate (m)	roşie (f)	['roʃie]
pepino (m)	castravete (m)	[kastra'vete]
cenoura (f)	morcov (m)	['morkov]
batata (f)	cartof (m)	[kar'tof]
cebola (f)	ceapă (f)	['tʃapə]
alho (m)	usturoi (m)	[ustu'roj]

couve (f)	varză (f)	['varzə]
couve-flor (f)	conopidă (f)	[kono'pidə]
couve-de-bruxelas (f)	varză (f) de Bruxelles	['varzə de bruk'sel]
brócolos (m pl)	broccoli (m)	['brokoli]
beterraba (f)	sfeclă (f)	['sfeklə]
beringela (f)	pătlăgea (f) vânătă	[pətlə'dʒʲa 'vinətə]
curgete (f)	dovlecel (m)	[dovle'ʧel]
abóbora (f)	dovleac (m)	[dov'lʲak]
nabo (m)	nap (m)	[nap]
salsa (f)	pătrunjel (m)	[pətrun'ʒel]
funcho, endro (m)	mărar (m)	[mə'rar]
alface (f)	salată (f)	[sa'latə]
aipo (m)	țelină (f)	['ʦelinə]
espargo (m)	sparanghel (m)	[sparan'gel]
espinafre (m)	spanac (n)	[spa'nak]
ervilha (f)	mazăre (f)	['mazəre]
fava (f)	boabe (f pl)	[bo'abe]
milho (m)	porumb (m)	[po'rumb]
feijão (m)	fasole (f)	[fa'sole]
pimentão (m)	piper (m)	[pi'per]
rabanete (m)	ridiche (f)	[ri'dike]
alcachofra (f)	anghinare (f)	[angi'nare]

44. Frutos. Nozes

fruta (f)	fruct (n)	[frukt]
maçã (f)	măr (n)	[mər]
pera (f)	pară (f)	['parə]
limão (m)	lămâie (f)	[lə'mie]
laranja (f)	portocală (f)	[porto'kalə]
morango (m)	căpșună (f)	[kəp'ʃunə]
tangerina (f)	mandarină (f)	[manda'rinə]
ameixa (f)	prună (f)	['prunə]
pêssego (m)	piersică (f)	['pjersikə]
damasco (m)	caisă (f)	[ka'isə]
framboesa (f)	zmeură (f)	['zmeurə]
ananás (m)	ananas (m)	[ana'nas]
banana (f)	banană (f)	[ba'nanə]
melancia (f)	pepene (m) verde	['pepene 'verde]
uva (f)	struguri (m pl)	['strugurʲ]
ginja (f)	vișină (f)	['viʃinə]
cereja (f)	cireașă (f)	[ʧi'rʲaʃə]
meloa (f)	pepene (m) galben	['pepene 'galben]
toranja (f)	grepfrut (n)	['grepfrut]
abacate (m)	avocado (n)	[avo'kado]
papaia (f)	papaia (f)	[pa'paja]
manga (f)	mango (n)	['mango]

romã (f)	rodie (f)	['rodie]
groselha (f) vermelha	coacăză (f) roşie	[ko'akəzə 'roʃie]
groselha (f) preta	coacăză (f) neagră	[ko'akəzə 'nʲagrə]
groselha (f) espinhosa	agrişă (f)	[a'griʃə]
mirtilo (m)	afină (f)	[a'finə]
amora silvestre (f)	mură (f)	['murə]

uvas (f pl) passas	stafidă (f)	[sta'fidə]
figo (m)	smochină (f)	[smo'kinə]
tâmara (f)	curmală (f)	[kur'malə]

amendoim (m)	arahidă (f)	[ara'hidə]
amêndoa (f)	migdală (f)	[mig'dalə]
noz (f)	nucă (f)	['nukə]
avelã (f)	alună (f) de pădure	[a'lunə de pə'dure]
coco (m)	nucă (f) de cocos	['nukə de 'kokos]
pistáchios (m pl)	fistic (m)	['fistik]

45. Pão. Bolaria

pastelaria (f)	produse (n pl) de cofetărie	[pro'duse də kofetə'rie]
pão (m)	pâine (f)	['pine]
bolacha (f)	biscuit (m)	[bisku'it]

chocolate (m)	ciocolată (f)	[ʧioko'latə]
de chocolate	de, din ciocolată	[de, din ʧioko'latə]
rebuçado (m)	bomboană (f)	[bombo'anə]
bolo (cupcake, etc.)	prăjitură (f)	[prəʒi'turə]
bolo (m) de aniversário	tort (n)	[tort]

tarte (~ de maçã)	plăcintă (f)	[plə'ʧintə]
recheio (m)	umplutură (f)	[umplu'turə]

doce (m)	dulceață (f)	[dul'ʧatsə]
geleia (f) de frutas	marmeladă (f)	[marme'ladə]
waffle (m)	napolitane (f pl)	[napoli'tane]
gelado (m)	îngheţată (f)	[inge'tsatə]

46. Pratos cozinhados

prato (m)	fel (n) de mâncare	[fel de mi'nkare]
cozinha (~ portuguesa)	bucătărie (f)	[bukətə'rie]
receita (f)	reţetă (f)	[re'tsetə]
porção (f)	porţie (f)	['portsie]

salada (f)	salată (f)	[sa'latə]
sopa (f)	supă (f)	['supə]

caldo (m)	supă (f) de carne	['supə de 'karne]
sandes (f)	tartină (f)	[tar'tinə]
ovos (m pl) estrelados	omletă (f)	[om'letə]
hambúrguer (m)	hamburger (m)	['hamburger]

bife (m)	biftec (n)	[bif'tek]
conduto (m)	garnitură (f)	[garni'turə]
espaguete (m)	spaghete (f pl)	[spa'gete]
puré (m) de batata	piure (n) de cartofi	[pju're de kar'tofʲ]
pizza (f)	pizza (f)	['pitsa]
papa (f)	caşă (f)	['kaʃə]
omelete (f)	omletă (f)	[om'letə]

cozido em água	fiert	[fiert]
fumado	afumat	[afu'mat]
frito	prăjit	[prə'ʒit]
seco	uscat	[us'kat]
congelado	congelat	[kondʒe'lat]
em conserva	marinat	[mari'nat]

doce (açucarado)	dulce	['dultʃe]
salgado	sărat	[sə'rat]
frio	rece	['retʃe]
quente	fierbinte	[fier'binte]
amargo	amar	[a'mar]
gostoso	gustos	[gus'tos]

cozinhar (em água a ferver)	a fierbe	[a 'fjerbe]
fazer, preparar (vt)	a găti	[a gə'ti]
fritar (vt)	a prăji	[a prə'ʒi]
aquecer (vt)	a încălzi	[a inkəl'zi]

salgar (vt)	a săra	[a sə'ra]
apimentar (vt)	a pipera	[a pipe'ra]
ralar (vt)	a da prin răzătoare	[a da prin rəzəto'are]
casca (f)	coajă (f)	[ko'aʒə]
descascar (vt)	a curăţa	[a kurə'tsa]

47. Especiarias

sal (m)	sare (f)	['sare]
salgado	sărat	[sə'rat]
salgar (vt)	a săra	[a sə'ra]

pimenta (f) preta	piper (m) negru	[pi'per 'negru]
pimenta (f) vermelha	piper (m) roşu	[pi'per 'roʃu]
mostarda (f)	muştar (m)	[muʃ'tar]
raiz-forte (f)	hrean (n)	[hrʲan]

condimento (m)	condiment (n)	[kondi'ment]
especiaria (f)	condiment (n)	[kondi'ment]
molho (m)	sos (n)	[sos]
vinagre (m)	oţet (n)	[o'tset]

anis (m)	anason (m)	[ana'son]
manjericão (m)	busuioc (n)	[busu'jok]
cravo (m)	cuişoare (f pl)	[kuiʃo'are]
gengibre (m)	ghimber (m)	[gim'ber]
coentro (m)	coriandru (m)	[kori'andru]

canela (f)	scorţişoară (f)	[skortsiʃo'arə]
sésamo (m)	susan (m)	[su'san]
folhas (f pl) de louro	foi (f) de dafin	[foj de 'dafin]
páprica (f)	paprică (f)	['paprikə]
cominho (m)	chimen (m)	[ki'men]
açafrão (m)	şofran (m)	[ʃo'fran]

48. Refeições

comida (f)	mâncare (f)	[mɨn'kare]
comer (vt)	a mânca	[a mɨn'ka]

pequeno-almoço (m)	micul dejun (n)	['mikul de'ʒun]
tomar o pequeno-almoço	a lua micul dejun	[a lu'a 'mikul de'ʒun]
almoço (m)	prânz (n)	[prɨnz]
almoçar (vi)	a lua prânzul	[a lu'a 'prɨnzul]
jantar (m)	cină (f)	['tʃinə]
jantar (vi)	a cina	[a tʃi'na]

apetite (m)	poftă (f) de mâncare	['poftə de mɨ'nkare]
Bom apetite!	Poftă bună!	['poftə 'bunə]

abrir (~ uma lata, etc.)	a deschide	[a des'kide]
derramar (vt)	a vărsa	[a vər'sa]
derramar-se (vr)	a se vărsa	[a se vər'sa]
ferver (vi)	a fierbe	[a 'fjerbe]
ferver (vt)	a fierbe	[a 'fjerbe]
fervido	fiert	[fiert]
arrefecer (vt)	a răci	[a rə'tʃi]
arrefecer-se (vr)	a se răci	[a se rə'tʃi]

sabor, gosto (m)	gust (n)	[gust]
gostinho (m)	aromă (f)	[a'romə]

fazer dieta	a slăbi	[a slə'bi]
dieta (f)	dietă (f)	[di'etə]
vitamina (f)	vitamină (f)	[vita'minə]
caloria (f)	calorie (f)	[kalo'rie]
vegetariano (m)	vegetarian (m)	[vedʒetari'an]
vegetariano	vegetarian	[vedʒetari'an]

gorduras (f pl)	grăsimi (f pl)	[grə'simj]
proteínas (f pl)	proteine (f pl)	[prote'ine]
carboidratos (m pl)	hidraţi (m pl) de carbon	[hi'dratsj de kar'bon]
fatia (~ de limão, etc.)	felie (f)	[fe'lie]
pedaço (~ de bolo)	bucată (f)	[bu'katə]
migalha (f)	firimitură (f)	[firimi'turə]

49. Por a mesa

colher (f)	lingură (f)	['lingurə]
faca (f)	cuţit (n)	[ku'tsit]

garfo (m)	furculiţă (f)	[furku'litsə]
chávena (f)	ceaşcă (f)	['tʃaʃkə]
prato (m)	farfurie (f)	[farfu'rie]
pires (m)	farfurioară (f)	[farfurio'arə]
guardanapo (m)	şervetel (n)	[ʃərve'tsel]
palito (m)	scobitoare (f)	[skobito'are]

50. Restaurante

restaurante (m)	restaurant (n)	[restau'rant]
café (m)	cafenea (f)	[kafe'nʲa]
bar (m), cervejaria (f)	bar (n)	[bar]
salão (m) de chá	salon (n) de ceai	[sa'lon de tʃaj]

empregado (m) de mesa	chelner (m)	['kelner]
empregada (f) de mesa	chelneriţă (f)	[kelne'ritsə]
barman (m)	barman (m)	['barman]

ementa (f)	meniu (n)	[me'nju]
lista (f) de vinhos	meniu (n) de vinuri	[menju de 'vinurʲ]
reservar uma mesa	a rezerva o masă	[a rezer'va o 'masə]

prato (m)	mâncare (f)	[mɨn'kare]
pedir (vt)	a comanda	[a koman'da]
fazer o pedido	a face comandă	[a 'fatʃe ko'mandə]

aperitivo (m)	aperitiv (n)	[aperi'tiv]
entrada (f)	gustare (f)	[gus'tare]
sobremesa (f)	desert (n)	[de'sert]

conta (f)	notă (f) de plată	['notə de 'platə]
pagar a conta	a achita nota de plată	[a aki'ta 'nota de 'platə]
dar o troco	a da rest	[a da 'rest]
gorjeta (f)	bacşiş (n)	[bak'ʃiʃ]

Família, parentes e amigos

51. Informação pessoal. Formulários

nome (m)	prenume (n)	[pre'nume]
apelido (m)	nume (n)	['nume]
data (f) de nascimento	data (f) naşterii	['data 'naʃterij]
local (m) de nascimento	locul (n) naşterii	['lokul 'naʃterij]
nacionalidade (f)	naţionalitate (f)	[natsionali'tate]
lugar (m) de residência	locul (n) de reşedinţă	['lokul de reʃə'dintsə]
país (m)	ţară (f)	['tsarə]
profissão (f)	profesie (f)	[pro'fesie]
sexo (m)	sex (n)	[seks]
estatura (f)	înălţime (f)	[inəl'tsime]
peso (m)	greutate (f)	[greu'tate]

52. Membros da família. Parentes

mãe (f)	mamă (f)	['mamə]
pai (m)	tată (m)	['tatə]
filho (m)	fiu (m)	['fju]
filha (f)	fiică (f)	['fiikə]
filha (f) mais nova	fiica (f) mai mică	['fiika maj 'mikə]
filho (m) mais novo	fiul (m) mai mic	['fjul maj mik]
filha (f) mais velha	fiica (f) mai mare	['fiika maj 'mare]
filho (m) mais velho	fiul (m) mai mare	['fjul maj 'mare]
irmão (m)	frate (m)	['frate]
irmã (f)	soră (f)	['sore]
primo (m)	văr (m)	[vər]
prima (f)	vară (f)	['varə]
mamã (f)	mamă (f)	['mamə]
papá (m)	tată (m)	['tatə]
pais (pl)	părinţi (m pl)	[pə'rintsʲ]
criança (f)	copil (m)	[ko'pil]
crianças (f pl)	copii (m pl)	[ko'pij]
avó (f)	bunică (f)	[bu'nikə]
avô (m)	bunic (m)	[bu'nik]
neto (m)	nepot (m)	[ne'pot]
neta (f)	nepoată (f)	[nepo'atə]
netos (pl)	nepoţi (m pl)	[ne'potsʲ]
tio (m)	unchi (m)	[unkʲ]
tia (f)	mătuşă (f)	[mə'tuʃə]

sobrinho (m)	nepot (m)	[ne'pot]
sobrinha (f)	nepoată (f)	[nepo'atə]

sogra (f)	soacră (f)	[so'akrə]
sogro (m)	socru (m)	['sokru]
genro (m)	cumnat (m)	[kum'nat]
madrasta (f)	mamă vitregă (f)	['mamə 'vitregə]
padrasto (m)	tată vitreg (m)	['tatə 'vitreg]

criança (f) de colo	sugaci (m)	[su'gatʃi]
bebé (m)	prunc (m)	[prunk]
menino (m)	pici (m)	[pitʃi]

mulher (f)	soție (f)	[so'tsie]
marido (m)	soț (m)	[sots]
esposo (m)	soț (m)	[sots]
esposa (f)	soție (f)	[so'tsie]

casado	căsătorit	[kəsəto'rit]
casada	căsătorită	[kəsəto'ritə]
solteiro	celibatar (m)	[tʃeliba'tar]
solteirão (m)	burlac (m)	[bur'lak]
divorciado	divorțat	[divor'tsat]
viúva (f)	văduvă (f)	[vəduvə]
viúvo (m)	văduv (m)	[vəduv]

parente (m)	rudă (f)	['rudə]
parente (m) próximo	rudă (f) apropiată	['rudə apropi'jatə]
parente (m) distante	rudă (f) îndepărtată	['rudə indeper'tatə]
parentes (m pl)	rude (f pl) de sânge	['rude de 'sindʒe]

órfão (m), órfã (f)	orfan (m)	[or'fan]
tutor (m)	tutore (m)	[tu'tore]
adotar (um filho)	a adopta	[a adop'ta]
adotar (uma filha)	a adopta	[a adop'ta]

53. Amigos. Colegas de trabalho

amigo (m)	prieten (m)	[pri'eten]
amiga (f)	prietenă (f)	[pri'etenə]
amizade (f)	prietenie (f)	[priete'nie]
ser amigos	a prieteni	[a priete'ni]

amigo (m)	amic (m)	[a'mik]
amiga (f)	amică (f)	[a'mikə]
parceiro (m)	partener (m)	[parte'ner]

chefe (m)	şef (m)	[ʃef]
superior (m)	director (m)	[di'rektor]
subordinado (m)	subordonat (m)	[subordo'nat]
colega (m)	coleg (m)	[ko'leg]

conhecido (m)	cunoscut (m)	[kunos'kut]
companheiro (m) de viagem	tovarăş (m) de drum	[to'varəʃ de drum]

colega (m) de classe	coleg (m) de clasă	[ko'leg de 'klasə]
vizinho (m)	vecin (m)	[ve'tʃin]
vizinha (f)	vecină (f)	[ve'tʃinə]
vizinhos (pl)	vecini (m pl)	[ve'tʃinʲ]

54. Homem. Mulher

mulher (f)	femeie (f)	[fe'meje]
rapariga (f)	domnişoară (f)	[domniʃo'arə]
noiva (f)	mireasă (f)	[mi'rʲasə]
bonita	frumoasă	[frumo'asə]
alta	înaltă	[i'naltə]
esbelta	zveltă	['zveltə]
de estatura média	scundă	['skundə]
loura (f)	blondă (f)	['blondə]
morena (f)	brunetă (f)	[bru'netə]
de senhora	de damă	[de 'damə]
virgem (f)	virgină (f)	[vir'dʒinə]
grávida	gravidă (f)	[gra'vidə]
homem (m)	bărbat (m)	[bər'bat]
louro (m)	blond (m)	[blond]
moreno (m)	brunet (m)	[bru'net]
alto	înalt	[i'nalt]
de estatura média	scund	[skund]
rude	grosolan	[groso'lan]
atarracado	robust	[ro'bust]
robusto	tare	['tare]
forte	puternic	[pu'ternik]
força (f)	forță (f)	['fortsə]
gordo	gras	[gras]
moreno	negricios	[negri'tʃios]
esbelto	zvelt	[zvelt]
elegante	elegant	[ele'gant]

55. Idade

idade (f)	vârstă (f)	['virstə]
juventude (f)	tinereţe (f)	[tine'retse]
jovem	tânăr	['tinər]
mais novo	mai mic	[maj mik]
mais velho	mai mare	[maj 'mare]
jovem (m)	tânăr (m)	['tinər]
adolescente (m)	adolescent (m)	[adoles'tʃent]
rapaz (m)	flăcău (m)	[fləkəu]

| velho (m) | bătrân (m) | [bə'trin] |
| velhota (f) | bătrână (f) | [bə'trinə] |

adulto	adult (m)	[a'dult]
de meia-idade	de vârstă medie	[de 'vɪrstə 'medie]
idoso, de idade	în vârstă	[ɪn 'vɪrstə]
velho	bătrân	[bə'trin]

reforma (f)	pensie (f)	['pensie]
reformar-se (vr)	a se pensiona	[a se pensio'na]
reformado (m)	pensionar (m)	[pensio'nar]

56. Crianças

criança (f)	copil (m)	[ko'pil]
crianças (f pl)	copii (m pl)	[ko'pij]
gémeos (m pl)	gemeni (m pl)	['dʒemenʲ]

berço (m)	leagăn (n)	['lʲagən]
guizo (m)	sunătoare (f)	[sunəto'are]
fralda (f)	scutec (n)	['skutek]

chupeta (f)	biberon (n)	[bibe'ron]
carrinho (m) de bebé	cărucior (n) pentru copii	[kəru'tʃior 'pentru ko'pij]
jardim (m) de infância	grădiniță (f) de copii	[grədi'nitsə de ko'pij]
babysitter (f)	dădacă (f)	[də'dakə]

infância (f)	copilărie (f)	[kopilə'rie]
boneca (f)	păpuşă (f)	[pə'puʃə]
brinquedo (m)	jucărie (f)	[ʒukə'rie]
jogo (m) de armar	constructor (m)	[kon'struktor]

bem-educado	bine crescut	['bine kres'kut]
mal-educado	needucat	[needu'kat]
mimado	răsfăţat	[rəsfə'tsat]

ser travesso	a face pozne	[a 'fatʃe 'pozne]
travesso, traquinas	năzbâtios	[nəzbiti'os]
travessura (f)	năzbâtie (f)	[nəz'bitie]
criança (f) travessa	ştrengar (m)	[ʃtren'gar]

| obediente | ascultător | [askultə'tor] |
| desobediente | neascultător | [neaskultə'tor] |

dócil	inteligent	[inteli'dʒent]
inteligente	deştept	[deʃ'tept]
menino (m) prodígio	copil (m) minune	[ko'pil mi'nune]

57. Casais. Vida de família

| beijar (vt) | a săruta | [a səru'ta] |
| beijar-se (vr) | a se săruta | [a se səru'ta] |

família (f)	familie (f)	[fa'milie]
familiar	de familie	[de fa'milie]
casal (m)	pereche (f)	[pe'reke]
matrimónio (m)	căsătorie (f)	[kəsəto'rie]
lar (m)	cămin (n)	[kə'min]
dinastia (f)	dinastie (f)	[dinas'tie]
encontro (m)	întâlnire (f)	[intil'nire]
beijo (m)	sărut (n)	[sə'rut]
amor (m)	iubire (f)	[ju'bire]
amar (vt)	a iubi	[a ju'bi]
amado, querido	iubit	[ju'bit]
ternura (f)	gingăşie (f)	[dʒingə'ʃie]
terno, afetuoso	tandru	['tandru]
fidelidade (f)	fidelitate (f)	[fideli'tate]
carinhoso	grijuliu	[griʒu'lju]
recém-casados (m pl)	tineri (m pl) căsătoriţi	['tiner⅃ kəsəto'rits]
lua de mel (f)	lună (f) de miere	['lunə de 'mjere]
casar-se (com um homem)	a se mărita	[a se məri'ta]
casar-se (com uma mulher)	a se căsători	[a se kəsəto'ri]
boda (f)	nuntă (f)	['nuntə]
bodas (f pl) de ouro	nuntă (f) de aur	['nuntə de 'aur]
aniversário (m)	aniversare (f)	[aniver'sare]
amante (m)	amant (m)	[a'mant]
amante (f)	amantă (f)	[a'mantə]
adultério (m)	adulter (n)	[adul'ter]
cometer adultério	a înşela	[a inʃə'la]
ciumento	gelos	[dʒe'los]
ser ciumento	a fi gelos	[a fi dʒe'los]
divórcio (m)	divorţ (n)	[di'vorts]
divorciar-se (vr)	a divorţa	[a divor'tsa]
brigar (discutir)	a se certa	[a se tʃer'ta]
fazer as pazes	a se împăca	[a se impə'ka]
juntos	împreună	[impre'unə]
sexo (m)	sex (n)	[seks]
felicidade (f)	fericire (f)	[feri'tʃire]
feliz	fericit	[feri'tʃit]
infelicidade (f)	nenorocire (f)	[nenoro'tʃire]
infeliz	nefericit	[neferi'tʃit]

Caráter. Sentimentos. Emoções

58. Sentimentos. Emoções

sentimento (m)	sentiment (n)	[senti'ment]
sentimentos (m pl)	sentimente (n pl)	[senti'mente]
fome (f)	foame (f)	[fo'ame]
ter fome	a fi foame	[a fi fo'ame]
sede (f)	sete (f)	['sete]
ter sede	a fi sete	[a fi 'sete]
sonolência (f)	somnolență (f)	[somno'lentsə]
estar sonolento	a fi somn	[a fi somn]
cansaço (m)	oboseală (f)	[obo'sʲalə]
cansado	obosit	[obo'sit]
ficar cansado	a obosi	[a obo'si]
humor (m)	dispoziție (f)	[dispo'zitsie]
tédio (m)	plictiseală (f)	[plikti'sʲalə]
aborrecer-se (vr)	a se plictisi	[a se plikti'si]
isolamento (m)	singurătate (f)	[singurə'tate]
isolar-se	a se izola	[a se izo'la]
preocupar (vt)	a neliniști	[a neliniʃ'ti]
preocupar-se (vr)	a se neliniști	[a se neliniʃ'ti]
preocupação (f)	neliniște (f)	[ne'liniʃte]
ansiedade (f)	neliniște (f)	[ne'liniʃte]
preocupado	preocupat	[preoku'pat]
estar nervoso	a se enerva	[a se ener'va]
entrar em pânico	a panica	[a pani'ka]
esperança (f)	speranță (f)	[spe'rantsə]
esperar (vt)	a spera	[a spe'ra]
certeza (f)	siguranță (f)	[sigu'rantsə]
certo	sigur	['sigur]
indecisão (f)	nesiguranță (f)	[nesigu'rantsə]
indeciso	nesigur	[ne'sigur]
ébrio, bêbado	beat	[bʲat]
sóbrio	treaz	[trʲaz]
fraco	slab	[slab]
feliz	norocos	[noro'kos]
assustar (vt)	a speria	[a speri'ja]
fúria (f)	turbare (f)	[tur'bare]
ira, raiva (f)	furie (f)	[fu'rie]
depressão (f)	depresie (f)	[de'presie]
desconforto (m)	disconfort (n)	[diskon'fort]

conforto (m)	confort (n)	[kon'fort]
arrepender-se (vr)	a regreta	[a regre'ta]
arrependimento (m)	regret (n)	[re'gret]
azar (m), má sorte (f)	ghinion (n)	[gini'on]
tristeza (f)	întristare (f)	[intri'stare]

vergonha (f)	ruşine (f)	[ru'ʃine]
alegria (f)	veselie (f)	[vese'lie]
entusiasmo (m)	entuziasm (n)	[entuzi'asm]
entusiasta (m)	entuziast (m)	[entuzi'ast]
mostrar entusiasmo	a arăta entuziasm	[a arə'ta entuzi'asm]

59. Caráter. Personalidade

caráter (m)	caracter (n)	[karak'ter]
falha (f) de caráter	viciu (n)	['vitʃiu]
mente (f)	minte (f)	['minte]
razão (f)	raţiune (f)	[ratsi'une]

consciência (f)	conştiinţă (f)	[konʃti'intsə]
hábito (m)	obişnuinţă (f)	[obiʃnu'intsə]
habilidade (f)	talent (n)	[ta'lent]
saber (~ nadar, etc.)	a putea	[a pu'tʲa]

paciente	răbdător	[rəbdə'tor]
impaciente	nerăbdător	[nerəbdə'tor]
curioso	curios	[kuri'os]
curiosidade (f)	curiozitate (f)	[kuriozi'tate]

modéstia (f)	modestie (f)	[modes'tie]
modesto	modest	[mo'dest]
imodesto	lipsit de modestie	[lip'sit de modes'tie]

preguiça (f)	lene (f)	['lene]
preguiçoso	leneş	['leneʃ]
preguiçoso (m)	leneş (m)	['leneʃ]

astúcia (f)	viclenie (f)	[vikle'nie]
astuto	viclean	[vik'lʲan]
desconfiança (f)	neîncredere (f)	[nein'kredere]
desconfiado	neîncrezător	[neinkrezə'tor]

generosidade (f)	generozitate (f)	[dʒenerozi'tate]
generoso	generos	[dʒene'ros]
talentoso	talentat	[talen'tat]
talento (m)	talent (n)	[ta'lent]

corajoso	îndrăzneţ	[indrəz'nets]
coragem (f)	îndrăzneală (f)	[indrəz'nʲalə]
honesto	onest	[o'nest]
honestidade (f)	onestitate (f)	[onesti'tate]

prudente	prudent	[pru'dent]
valente	curajos	[kura'ʒos]

57

sério	serios	[se'rjos]
severo	sever	[se'ver]

decidido	hotărât	[hotə'rit]
indeciso	nehotărât	[nehotə'rit]
tímido	sfios	[sfi'os]
timidez (f)	sfială (f)	[sfi'jalə]

confiança (f)	încredere (f)	[in'kredere]
confiar (vt)	a avea încredere	[a a'vʲa in'kredere]
crédulo	credul	[kre'dul]

sinceramente	sincer	['sintʃer]
sincero	sincer	['sintʃer]
sinceridade (f)	sinceritate (f)	[sintʃeri'tate]
aberto	deschis	[des'kis]

calmo	liniştit	[liniʃ'tit]
franco	sincer	['sintʃer]
ingénuo	naiv	[na'iv]
distraído	distrat	[dis'trat]
engraçado	hazliu	[ħaz'lju]

ganância (f)	lăcomie (f)	[ləko'mie]
ganancioso	lacom	['lakom]
avarento	zgârcit	[zgir'tʃit]
mau	rău	['rəu]
teimoso	încăpăţânat	[inkəpətsi'nat]
desagradável	neplăcut	[neplə'kut]

egoísta (m)	egoist (m)	[ego'ist]
egoísta	egoist	[ego'ist]
cobarde (m)	laş (m)	[laʃ]
cobarde	fricos	[fri'kos]

60. O sono. Sonhos

dormir (vi)	a dormi	[a dor'mi]
sono (m)	somn (n)	[somn]
sonho (m)	vis (n)	[vis]
sonhar (vi)	a visa	[a vi'sa]
sonolento	somnoros	[somno'ros]

cama (f)	pat (n)	[pat]
colchão (m)	saltea (f)	[sal'tʲa]
cobertor (m)	plapumă (f)	['plapumə]
almofada (f)	pernă (f)	['pernə]
lençol (m)	cearşaf (n)	[tʃar'ʃaf]

insónia (f)	insomnie (f)	[insom'nie]
insone	fără somn	['fərə somn]
sonífero (m)	somnifer (n)	[somni'fer]
tomar um sonífero	a lua somnifere	[a lu'a somni'fere]
estar sonolento	a fi somn	[a fi somn]

bocejar (vi)	a căsca	[a kəs'ka]
ir para a cama	a merge la culcare	[a 'merʤe la kul'kare]
fazer a cama	a face patul	[a 'faʧe 'patul]
adormecer (vi)	a adormi	[a ador'mi]
pesadelo (m)	coşmar (n)	[koʃ'mar]
ronco (m)	sforăit (n)	[sforə'it]
roncar (vi)	a sforăi	[a sforə'i]
despertador (m)	ceas (n) deşteptător	[ʧas deʃteptə'tor]
acordar, despertar (vt)	a trezi	[a tre'zi]
acordar (vi)	a se trezi	[a se tre'zi]
levantar-se (vr)	a se ridica	[a se ridi'ka]
lavar-se (vr)	a se spăla	[a se spə'la]

61. Humor. Riso. Alegria

humor (m)	umor (n)	[u'mor]
sentido (m) de humor	simţ (n)	[simts]
divertir-se (vr)	a se veseli	[a se vese'li]
alegre	vesel	['vesel]
alegria (f)	veselie (f)	[vese'lie]
sorriso (m)	zâmbet (n)	['zimbet]
sorrir (vi)	a zâmbi	[a zim'bi]
começar a rir	a izbucni în râs	[a izbuk'ni in ris]
rir (vi)	a râde	[a 'ride]
riso (m)	râs (n)	[ris]
anedota (f)	anecdotă (f)	[anek'dotə]
engraçado	hazliu	[haz'lju]
ridículo	hazliu	[haz'lju]
brincar, fazer piadas	a glumi	[a glu'mi]
piada (f)	glumă (f)	['glumə]
alegria (f)	bucurie (f)	[buku'rie]
regozijar-se (vr)	a se bucura	[a se buku'ra]
alegre	bucuros	[buku'ros]

62. Discussão, conversação. Parte 1

comunicação (f)	comunicare (f)	[komuni'kare]
comunicar-se (vr)	a comunica	[a komuni'ka]
conversa (f)	convorbire (f)	[konvor'bire]
diálogo (m)	dialog (n)	[dia'log]
discussão (f)	dezbatere (f)	[dez'batere]
debate (m)	polemică (f)	[po'lemikə]
debater (vt)	a revendica	[a revendi'ka]
interlocutor (m)	interlocutor (m)	[interloku'tor]
tema (m)	temă (f)	['temə]

ponto (m) de vista	punct (n) de vedere	[punkt de ve'dere]
opinião (f)	părere (f)	[pə'rere]
discurso (m)	discurs (n)	[dis'kurs]

discussão (f)	discuţie (f)	[dis'kuʦie]
discutir (vt)	a discuta	[a disku'ta]
conversa (f)	conversaţie (f)	[konver'saʦie]
conversar (vi)	a conversa	[a konver'sa]
encontro (m)	întâlnire (f)	[intil'nire]
encontrar-se (vr)	a se întâlni	[a se intil'ni]

provérbio (m)	proverb (n)	[pro'verb]
ditado (m)	zicătoare (f)	[zikəto'are]
adivinha (f)	ghicitoare (f)	[giʧito'are]
dizer uma adivinha	a ghici o ghicitoare	[a gi'ʧi o giʧito'are]
senha (f)	parolă (f)	[pa'rolə]
segredo (m)	secret (n)	[se'kret]

juramento (m)	jurământ (n)	[ʒurə'mint]
jurar (vi)	a jura	[a ʒu'ra]
promessa (f)	promisiune (f)	[promisi'une]
prometer (vt)	a promite	[a pro'mite]

conselho (m)	sfat (n)	[sfat]
aconselhar (vt)	a sfătui	[a sfətu'i]
escutar (~ os conselhos)	a asculta	[a askul'ta]

novidade, notícia (f)	noutate (f)	[nou'tate]
sensação (f)	senzaţie (f)	[sen'zaʦie]
informação (f)	informaţii (f pl)	[infor'maʦij]
conclusão (f)	concluzie (f)	[kon'kluzie]
voz (f)	voce (f)	['voʧe]
elogio (m)	compliment (n)	[kompli'ment]
amável	amabil	[a'mabil]

palavra (f)	cuvânt (n)	[ku'vint]
frase (f)	frază (f)	['frazə]
resposta (f)	răspuns (n)	[rəs'puns]

verdade (f)	adevăr (n)	[ade'vər]
mentira (f)	minciună (f)	[min'ʧiunə]

pensamento (m)	gând (f)	[gind]
ideia (f)	gând (n)	[gind]
fantasia (f)	imaginaţie (f)	[imadʒi'naʦie]

63. Discussão, conversação. Parte 2

estimado	stimat	[sti'mat]
respeitar (vt)	a respecta	[a respek'ta]
respeito (m)	respect (n)	[res'pekt]
Estimado ..., Caro ...	Stimate ...	[sti'mate]
apresentar (vt)	a prezenta	[a prezen'ta]
intenção (f)	intenţie (f)	[in'tenʦie]

tencionar (vt)	a intenţiona	[a intentsio'na]
desejo (m)	urare (f)	[u'rare]
desejar (ex. ~ boa sorte)	a ura	[a u'ra]
surpresa (f)	mirare (f)	[mi'rare]
surpreender (vt)	a mira	[a mi'ra]
surpreender-se (vr)	a se mira	[a se mi'ra]
dar (vt)	a da	[a da]
pegar (tomar)	a lua	[a lu'a]
devolver (vt)	a restitui	[a restitu'i]
retornar (vt)	a înapoia	[a inapo'ja]
desculpar-se (vr)	a cere scuze	[a 'tʃere 'skuze]
desculpa (f)	scuză (f)	['skuzə]
perdoar (vt)	a ierta	[a er'ta]
falar (vi)	a vorbi	[a vor'bi]
escutar (vt)	a asculta	[a askul'ta]
ouvir até o fim	a asculta	[a askul'ta]
compreender (vt)	a înţelege	[a intse'ledʒe]
mostrar (vt)	a arăta	[a arə'ta]
olhar para ...	a se uita	[a se uj'ta]
chamar (dizer em voz alta o nome)	a chema	[a ke'ma]
perturbar (vt)	a deranja	[a deran'ʒa]
entregar (~ em mãos)	a transmite	[a trans'mite]
pedido (m)	rugăminte (f)	[rugə'minte]
pedir (ex. ~ ajuda)	a ruga	[a ru'ga]
exigência (f)	cerere (f)	['tʃerere]
exigir (vt)	a cere	[a 'tʃere]
chamar nomes (vt)	a tachina	[a taki'na]
zombar (vt)	a-şi bate joc	[aʃ 'bate ʒok]
zombaria (f)	derâdere (f)	[de'ridere]
alcunha (f)	poreclă (f)	[po'reklə]
insinuação (f)	aluzie (f)	[a'luzie]
insinuar (vt)	a face aluzie	[a 'fatʃe a'luzie]
subentender (vt)	a se subînţelege	[a se subintse'ledʒe]
descrição (f)	descriere (f)	[de'skriere]
descrever (vt)	a descrie	[a de'skrie]
elogio (m)	laudă (f)	['laudə]
elogiar (vt)	a lăuda	[a ləu'da]
desapontamento (m)	dezamăgire (f)	[dezamə'dʒire]
desapontar (vt)	a dezamăgi	[a dezamə'dʒi]
desapontar-se (vr)	a se dezamăgi	[a se dezamə'dʒi]
suposição (f)	presupunere (f)	[presu'punere]
supor (vt)	a presupune	[a presu'pune]
advertência (f)	avertisment (n)	[avertis'ment]
advertir (vt)	a preveni	[a preve'ni]

61

64. Discussão, conversação. Parte 3

convencer (vt)	a convinge	[a kon'vindʒe]
acalmar (vt)	a linişti	[a liniʃ'ti]
silêncio (o ~ é de ouro)	tăcere (f)	[tə'tʃere]
ficar em silêncio	a tăcea	[a tə'tʃa]
sussurrar (vt)	a şopti	[a ʃop'ti]
sussurro (m)	şoaptă (f)	[ʃo'aptə]
francamente	sincer	['sintʃer]
a meu ver ...	după părerea mea ...	['dupə pə'rerʲa mʲa]
detalhe (~ da história)	amănunt (n)	[amə'nunt]
detalhado	amănunţit	[amənun'tsit]
detalhadamente	amănunţit	[amənun'tsit]
dica (f)	indiciu (n)	[in'ditʃiu]
dar uma dica	a şopti	[a ʃop'ti]
olhar (m)	privire (f)	[pri'vire]
dar uma vista de olhos	a privi	[a pri'vi]
fixo (olhar ~)	fix	[fiks]
piscar (vi)	a clipi	[a kli'pi]
pestanejar (vt)	a clipi	[a kli'pi]
acenar (com a cabeça)	a da din cap	[a da din 'kap]
suspiro (m)	oftat (n)	[of'tat]
suspirar (vi)	a ofta	[a of'ta]
estremecer (vi)	a tresări	[a tresə'ri]
gesto (m)	gest (n)	[dʒest]
tocar (com as mãos)	a se atinge	[a se a'tindʒe]
agarrar (~ pelo braço)	a apuca	[a apu'ka]
bater de leve	a bate	[a 'bate]
Cuidado!	Atenţie!	[a'tentsie]
A sério?	Oare?	[o'are]
Tem certeza?	Eşti sigur?	[eʃtʲ 'sigur]
Boa sorte!	Succes!	[suk'tʃes]
Compreendi!	Clar!	[klar]
Que pena!	Ce păcat!	[tʃe pə'kat]

65. Acordo. Recusa

consentimento (~ mútuo)	consimţământ (n)	[konsimtsə'mɨnt]
consentir (vi)	a fi de acord cu ...	[a fi de a'kord ku]
aprovação (f)	aprobare (f)	[apro'bare]
aprovar (vt)	a aproba	[a apro'ba]
recusa (f)	refuz (n)	[re'fuz]
negar-se (vt)	a refuza	[a refu'za]
Está ótimo!	Perfect!	[per'fekt]
Muito bem!	Bine!	['bine]

Está bem! De acordo!	De acord!	[de a'kord]
proibido	interzis	[inter'zis]
é proibido	nu se poate	[nu se po'ate]
é impossível	imposibil	[impo'sibil]
incorreto	incorect	[inko'rekt]

rejeitar (~ um pedido)	a respinge	[a res'pindʒe]
apoiar (vt)	a susține	[a sus'tsine]
aceitar (desculpas, etc.)	a accepta	[a aktʃep'ta]

confirmar (vt)	a confirma	[a konfir'ma]
confirmação (f)	confirmare (f)	[konfir'mare]
permissão (f)	permisiune (f)	[permisi'une]
permitir (vt)	a permite	[a per'mite]
decisão (f)	hotărâre (f)	[hote'rire]
não dizer nada	a tăcea	[a tə'tʃa]

condição (com uma ~)	condiție (f)	[kon'ditsie]
pretexto (m)	pretext (n)	[pre'tekst]
elogio (m)	laudă (f)	['laudə]
elogiar (vt)	a lăuda	[a ləu'da]

66. Sucesso. Boa sorte. Insucesso

êxito, sucesso (m)	reușită (f)	[reu'ʃitə]
com êxito	reușit	[reu'ʃit]
bem sucedido	reușit	[reu'ʃit]

sorte (fortuna)	succes (n)	[suk'tʃes]
Boa sorte!	Succes!	[suk'tʃes]
de sorte	norocos	[noro'kos]
sortudo, felizardo	norocos	[noro'kos]
fracasso (m)	eșec (n)	[e'ʃek]
pouca sorte (f)	ghinion (n)	[gini'on]
azar (m), má sorte (f)	ghinion (n)	[gini'on]
mal sucedido	nereușit	[nereu'ʃit]
catástrofe (f)	catastrofă (f)	[katas'trofə]

orgulho (m)	mândrie (f)	[min'drie]
orgulhoso	mândru	['mindru]
estar orgulhoso	a se mândri	[a se min'dri]
vencedor (m)	învingător (m)	[invingə'tor]
vencer (vi)	a învinge	[a in'vindʒe]
perder (vt)	a pierde	[a 'pjerde]
tentativa (f)	încercare (f)	[intʃer'kare]
tentar (vt)	a se strădui	[a se strədu'i]
chance (m)	șansă (f)	['ʃansə]

67. Conflitos. Emoções negativas

| grito (m) | strigăt (n) | ['strigət] |
| gritar (vi) | a striga | [a stri'ga] |

começar a gritar	a striga	[a stri'ga]
discussão (f)	ceartă (f)	['ʧartə]
discutir (vt)	a se certa	[a se ʧer'ta]
escândalo (m)	scandal (n)	[skan'dal]
criar escândalo	a face scandal	[a 'faʧe skan'dal]
conflito (m)	conflict (n)	[kon'flikt]
mal-entendido (m)	neînţelegere (f)	[neinʦe'leʤere]

insulto (m)	insultă (f)	[in'sultə]
insultar (vt)	a insulta	[a insul'ta]
insultado	ofensat	[ofen'sat]
ofensa (f)	jignire (f)	[ʒig'nire]
ofender (vt)	a jigni	[a ʒig'ni]
ofender-se (vr)	a se supăra	[a se supə'ra]

indignação (f)	indignare (f)	[indig'nare]
indignar-se (vr)	a se indigna	[a se indig'na]
queixa (f)	plângere (f)	['plinʤere]
queixar-se (vr)	a se plânge	[a se 'plinʤe]

desculpa (f)	scuză (f)	['skuzə]
desculpar-se (vr)	a cere scuze	[a 'ʧere 'skuze]
pedir perdão	a cere iertare	[a 'ʧere er'tare]

crítica (f)	critică (f)	['kritikə]
criticar (vt)	a critica	[a kriti'ka]
acusação (f)	învinuire (f)	[invinu'ire]
acusar (vt)	a învinui	[a invinu'i]

vingança (f)	răzbunare (f)	[rəzbu'nare]
vingar (vt)	a răzbuna	[a rəzbu'na]
vingar-se (vr)	a se revanşa	[a se revan'ʃa]

desprezo (m)	dispreţ (n)	[dis'preʦ]
desprezar (vt)	a dispreţui	[a dispreʦu'i]
ódio (m)	ură (f)	['urə]
odiar (vt)	a urî	[a u'ri]

nervoso	nervos	[ner'vos]
estar nervoso	a se enerva	[a se ener'va]
zangado	supărat	[supə'rat]
zangar (vt)	a supăra	[a supə'ra]

humilhação (f)	umilire (f)	[umi'lire]
humilhar (vt)	a umili	[a umi'li]
humilhar-se (vr)	a se umili	[a se umi'li]

| choque (m) | şoc (n) | [ʃok] |
| chocar (vt) | a şoca | [a ʃo'ka] |

| aborrecimento (m) | neplăcere (f) | [neplə'ʧere] |
| desagradável | neplăcut | [neplə'kut] |

medo (m)	frică (f)	['frikə]
terrível (tempestade, etc.)	năprasnic	[nə'prasnik]
assustador (ex. história ~a)	de groază	[de gro'azə]

| horror (m) | groază (f) | [gro'azə] |
| horrível (crime, etc.) | înspăimântător | [inspəjmintə'tor] |

chorar (vi)	a plânge	[a 'plindʒe]
começar a chorar	a plânge	[a 'plindʒe]
lágrima (f)	lacrimă (f)	['lakrimə]

falta (f)	greşeală (f)	[gre'ʃalə]
culpa (f)	vină (f)	['vinə]
desonra (f)	ruşine (f)	[ru'ʃine]
protesto (m)	protest (n)	[pro'test]
stresse (m)	stres (n)	[stres]

perturbar (vt)	a deranja	[a deran'ʒa]
zangar-se com ...	a se supăra	[a se supə'ra]
zangado	supărat	[supə'rat]
terminar (vt)	a pune capăt	[a 'pune 'kapət]
praguejar	a se sfădi	[a se sfə'di]

assustar-se	a se speria	[a se speri'ja]
golpear (vt)	a lovi	[a lo'vi]
brigar (na rua, etc.)	a se bate	[a se 'bate]

resolver (o conflito)	a aplana	[a apla'na]
descontente	nemulţumit	[nemultsu'mit]
furioso	furios	[furi'os]

| Não está bem! | Nu e bine! | [nu e 'bine] |
| É mau! | E rău! | [e rəu] |

Medicina

68. Doenças

doença (f)	boală (f)	[bo'alə]
estar doente	a fi bolnav	[a fi bol'nav]
saúde (f)	sănătate (f)	[sənə'tate]

nariz (m) a escorrer	guturai (n)	[gutu'raj]
amigdalite (f)	anghină (f)	[a'nginə]
constipação (f)	răceală (f)	[rə'tʃalə]
constipar-se (vr)	a răci	[a rə'tʃi]

bronquite (f)	bronşită (f)	[bron'ʃitə]
pneumonia (f)	pneumonie (f)	[pneumo'nie]
gripe (f)	gripă (f)	['gripə]

míope	miop	[mi'op]
presbita	prezbit	[prez'bit]
estrabismo (m)	strabism (n)	[stra'bism]
estrábico	saşiu	[sa'ʃiu]
catarata (f)	cataractă (f)	[kata'raktə]
glaucoma (m)	glaucom (n)	[glau'kom]

AVC (m), apoplexia (f)	congestie (f)	[kon'dʒestie]
ataque (m) cardíaco	infarct (n)	[in'farkt]
enfarte (m) do miocárdio	infarct (n) miocardic	[in'farkt mio'kardik]
paralisia (f)	paralizie (f)	[parali'zie]
paralisar (vt)	a paraliza	[a parali'za]

alergia (f)	alergie (f)	[aler'dʒie]
asma (f)	astmă (f)	['astmə]
diabetes (f)	diabet (n)	[dia'bet]

dor (f) de dentes	durere (f) de dinţi	[du'rere de dints]
cárie (f)	carie (f)	['karie]

diarreia (f)	diaree (f)	[dia'ree]
prisão (f) de ventre	constipaţie (f)	[konsti'patsie]
desarranjo (m) intestinal	deranjament (n) la stomac	[deranʒa'ment la sto'mak]
intoxicação (f) alimentar	intoxicare (f)	[intoksi'kare]
intoxicar-se	a se intoxica	[a se intoksi'ka]

artrite (f)	artrită (f)	[ar'tritə]
raquitismo (m)	rahitism (n)	[rahi'tism]
reumatismo (m)	reumatism (n)	[reuma'tism]
arteriosclerose (f)	ateroscleroză (f)	[arterioskle'rozə]

gastrite (f)	gastrită (f)	[gas'tritə]
apendicite (f)	apendicită (f)	[apendi'tʃitə]

colecistite (f)	colecistită (f)	[koletʃis'titə]
úlcera (f)	ulcer (n)	[ul'tʃer]

sarampo (m)	pojar	[po'ʒar]
rubéola (f)	rubeolă (f)	[ruʒe'olə]
iterícia (f)	icter (n)	['ikter]
hepatite (f)	hepatită (f)	[hepa'titə]

esquizofrenia (f)	schizofrenie (f)	[skizofre'nie]
raiva (f)	turbare (f)	[tur'bare]
neurose (f)	nevroză (f)	[ne'vrozə]
comoção (f) cerebral	comoţie (f) cerebrală	[ko'motsie tʃerə'bralə]

cancro (m)	cancer (n)	['kantʃer]
esclerose (f)	scleroză (f)	[skle'rozə]
esclerose (f) múltipla	scleroză multiplă (f)	[skle'rozə mul'tiplə]

alcoolismo (m)	alcoolism (n)	[alkoo'lizm]
alcoólico (m)	alcoolic (m)	[alko'olik]
sífilis (f)	sifilis (n)	['sifilis]
SIDA (f)	SIDA (f)	['sida]

tumor (m)	tumoare (f)	[tumo'are]
maligno	malignă	[ma'lignə]
benigno	benignă	[be'nignə]

febre (f)	friguri (n pl)	['frigur]
malária (f)	malarie (f)	[mala'rie]
gangrena (f)	cangrenă (f)	[kan'grenə]
enjoo (m)	rău (n) de mare	[rəu de 'mare]
epilepsia (f)	epilepsie (f)	[epilep'sie]

epidemia (f)	epidemie (f)	[epide'mie]
tifo (m)	tifos (n)	['tifos]
tuberculose (f)	tuberculoză (f)	[tuberku'lozə]
cólera (f)	holeră (f)	['holerə]
peste (f)	ciumă (f)	['tʃiumə]

69. Sintomas. Tratamentos. Parte 1

sintoma (m)	simptom (n)	[simp'tom]
temperatura (f)	temperatură (f)	[tempera'turə]
febre (f)	febră (f)	['febrə]
pulso (m)	puls (n)	[puls]

vertigem (f)	ameţeală (f)	[ame'tsʲalə]
quente (testa, etc.)	fierbinte	[fier'binte]
calafrio (m)	frisoane (n pl)	[friso'ane]
pálido	palid	['palid]

tosse (f)	tuse (f)	['tuse]
tossir (vi)	a tuşi	[a tu'ʃi]
espirrar (vi)	a strănuta	[a strənu'ta]
desmaio (m)	leşin (n)	[le'ʃin]

desmaiar (vi)	a leşina	[a leʃi'na]
nódoa (f) negra	vânătaie (f)	[vinə'tae]
galo (m)	cucui (n)	[ku'kuj]
magoar-se (vr)	a se lovi	[a se lo'vi]
pisadura (f)	contuzie (f)	[kon'tuzie]
aleijar-se (vr)	a se lovi	[a se lo'vi]

coxear (vi)	a şchiopăta	[a ʃkiopə'ta]
deslocação (f)	luxaţie (f)	[luk'satsie]
deslocar (vt)	a luxa	[a luk'sa]
fratura (f)	fractură (f)	[frak'turə]
fraturar (vt)	a fractura	[a fraktu'ra]

corte (m)	tăietură (f)	[təe'turə]
cortar-se (vr)	a se tăia	[a se tə'ja]
hemorragia (f)	sângerare (f)	[sindʒe'rare]

queimadura (f)	arsură (f)	[ar'surə]
queimar-se (vr)	a se frige	[a se 'fridʒe]

picar (vt)	a înţepa	[a intse'pa]
picar-se (vr)	a se înţepa	[a s intse'pa]
lesionar (vt)	a se răni	[a se rə'ni]
lesão (m)	vătămare (f)	[vətə'mare]
ferida (f), ferimento (m)	rană (f)	['ranə]
trauma (m)	traumă (f)	['traumə]

delirar (vi)	a delira	[a deli'ra]
gaguejar (vi)	a se bâlbâi	[a se bilbi'i]
insolação (f)	insolaţie (f)	[inso'latsie]

70. Sintomas. Tratamentos. Parte 2

dor (f)	durere (f)	[du'rere]
farpa (no dedo)	ghimpe (m)	['gimpe]

suor (m)	transpiraţie (f)	[transpi'ratsie]
suar (vi)	a transpira	[a transpi'ra]
vómito (m)	vomă (f)	['vomə]
convulsões (f pl)	convulsii (f pl)	[kon'vulsij]

grávida	gravidă (f)	[gra'vidə]
nascer (vi)	a se naşte	[a se 'naʃte]
parto (m)	naştere (f)	['naʃtere]
dar à luz	a naşte	[a 'naʃte]
aborto (m)	avort (n)	[a'vort]

respiração (f)	respiraţie (f)	[respi'ratsie]
inspiração (f)	inspiraţie (f)	[inspi'ratsie]
expiração (f)	expiraţie (f)	[ekspi'ratsie]
expirar (vi)	a expira	[a ekspi'ra]
inspirar (vi)	a inspira	[a inspi'ra]
inválido (m)	invalid (m)	[inva'lid]
aleijado (m)	infirm (m)	[in'firm]

toxicodependente (m)	narcoman (m)	[narko'man]
surdo	surd	[surd]
mudo	mut	[mut]
surdo-mudo	surdo-mut	[surdo'mut]

louco (adj.)	nebun	[ne'bun]
louco (m)	nebun (m)	[ne'bun]
louca (f)	nebună (f)	[ne'bunə]
ficar louco	a înnebuni	[a innebu'ni]

gene (m)	genă (f)	['dʒenə]
imunidade (f)	imunitate (f)	[imuni'tate]
hereditário	ereditar	[eredi'tar]
congénito	congenital	[kondʒeni'tal]

vírus (m)	virus (m)	['virus]
micróbio (m)	microb (m)	[mi'krob]
bactéria (f)	bacterie (f)	[bak'terie]
infeção (f)	infecție (f)	[in'fektsie]

71. Sintomas. Tratamentos. Parte 3

| hospital (m) | spital (n) | [spi'tal] |
| paciente (m) | pacient (m) | [patʃi'ent] |

diagnóstico (m)	diagnostic (n)	[diag'nostik]
cura (f)	tratament (n)	[trata'ment]
curar-se (vr)	a urma tratament	[a ur'ma trata'ment]
tratar (vt)	a trata	[a tra'ta]
cuidar (pessoa)	a îngriji	[a ingri'ʒi]
cuidados (m pl)	îngrijire (f)	[ingri'ʒire]

operação (f)	operație (f)	[ope'ratsie]
enfaixar (vt)	a pansa	[a pan'sa]
enfaixamento (m)	pansare (f)	[pan'sare]

vacinação (f)	vaccin (n)	[vak'tʃin]
vacinar (vt)	a vaccina	[a vaktʃi'na]
injeção (f)	injecție (f)	[in'ʒektsie]
dar uma injeção	a face injecție	[a 'fatʃe in'ʒektsie]

amputação (f)	amputare (f)	[ampu'tare]
amputar (vt)	a amputa	[a ampu'ta]
coma (f)	comă (f)	['komə]
estar em coma	a fi în comă	[a fi in 'komə]
reanimação (f)	reanimare (f)	[reani'mare]

recuperar-se (vr)	a se vindeca	[a se vinde'ka]
estado (~ de saúde)	stare (f)	['stare]
consciência (f)	conștiință (f)	[konʃti'intsə]
memória (f)	memorie (f)	[me'morie]

| tirar (vt) | a extrage | [a eks'tradʒe] |
| chumbo (m), obturação (f) | plombă (f) | ['plombə] |

chumbar, obturar (vt)	a plomba	[a plom'ba]
hipnose (f)	hipnoză (f)	[hip'nozə]
hipnotizar (vt)	a hipnotiza	[a hipnoti'za]

72. Médicos

médico (m)	medic (m)	['medik]
enfermeira (f)	asistentă (f) medicală	[asis'tentə medi'kalə]
médico (m) pessoal	medic (m) personal	['medik perso'nal]

dentista (m)	stomatolog (m)	[stomato'log]
oculista (m)	oculist (m)	[oku'list]
terapeuta (m)	terapeut (m)	[terape'ut]
cirurgião (m)	chirurg (m)	[ki'rurg]

psiquiatra (m)	psihiatru (m)	[psihi'atru]
pediatra (m)	pediatru (m)	[pedi'atru]
psicólogo (m)	psiholog (m)	[psiho'log]
ginecologista (m)	ginecolog (m)	[dʒineko'log]
cardiologista (m)	cardiolog (m)	[kardio'log]

73. Medicina. Drogas. Acessórios

medicamento (m)	medicament (n)	[medika'ment]
remédio (m)	remediu (n)	[re'medju]
receita (f)	rețetă (f)	[re'tsetə]

comprimido (m)	pastilă (f)	[pas'tilə]
pomada (f)	unguent (n)	[ungu'ent]
ampola (f)	fiolă (f)	[fi'olə]
preparado (m)	mixtură (f)	[miks'turə]
xarope (m)	sirop (n)	[si'rop]
cápsula (f)	pilulă (f)	[pi'lulə]
remédio (m) em pó	praf (n)	[praf]

ligadura (f)	bandaj (n)	[ban'daʒ]
algodão (m)	vată (f)	['vatə]
iodo (m)	iod (n)	[jod]

penso (m) rápido	leucoplast (n)	[leuko'plast]
conta-gotas (m)	pipetă (f)	[pi'petə]
termómetro (m)	termometru (n)	[termo'metru]
seringa (f)	seringă (f)	[se'ringə]

| cadeira (f) de rodas | cărucior (n) pentru invalizi | [kəru'tʃior 'pentru inva'lizi] |
| muletas (f pl) | cârje (f pl) | ['kirʒe] |

analgésico (m)	anestezic (n)	[anes'tezik]
laxante (m)	laxativ (n)	[laksa'tiv]
álcool (m) etílico	spirt (n)	[spirt]
ervas (f pl) medicinais	plante (f pl) medicinale	['plante meditʃi'nale]
de ervas (chá ~)	din plante medicinale	[din 'plante meditʃi'nale]

74. Fumar. Produtos tabágicos

tabaco (m)	tutun (n)	[tu'tun]
cigarro (m)	ţigară (f)	[tsi'garə]
charuto (m)	ţigară (f) de foi	[tsi'garə de foj]
cachimbo (m)	pipă (f)	['pipə]
maço (~ de cigarros)	pachet (n)	[pa'ket]
fósforos (m pl)	chibrituri (n pl)	[ki'brituri]
caixa (f) de fósforos	cutie (f) de chibrituri	[ku'tie de ki'brituri]
isqueiro (m)	brichetă (f)	[bri'ketə]
cinzeiro (m)	scrumieră (f)	[skru'mjerə]
cigarreira (f)	tabacheră (n)	[taba'kerə]
boquilha (f)	muştiuc (n)	[muʃ'tjuk]
filtro (m)	filtru (n)	['filtru]
fumar (vi, vt)	a fuma	[a fu'ma]
acender um cigarro	a începe să fumeze	[a in'tʃepe sə fu'meze]
tabagismo (m)	fumat (n)	[fu'mat]
fumador (m)	fumător (m)	[fumə'tor]
beata (f)	muc (n) de ţigară	[muk de tsi'garə]
fumo (m)	fum (n)	[fum]
cinza (f)	scrum (n)	[skrum]

HABITAT HUMANO

Cidade

75. Cidade. Vida na cidade

cidade (f)	oraş (n)	[o'raʃ]
capital (f)	capitală (f)	[kapi'talə]
aldeia (f)	sat (n)	[sat]
mapa (m) da cidade	planul (n) oraşului	['planul o'raʃuluj]
centro (m) da cidade	centrul (n) oraşului	['tʃentrul o'raʃuluj]
subúrbio (m)	suburbie (f)	[subur'bie]
suburbano	din suburbie	[din subur'bie]
periferia (f)	margine (f)	['mardʒine]
arredores (m pl)	împrejurimi (f pl)	[impreʒu'rimʲ]
quarteirão (m)	cartier (n)	[kar'tjer]
quarteirão (m) residencial	cartier (n) locativ	[ka'rtjer loka'tiv]
tráfego (m)	circulaţie (f)	[tʃirku'latsie]
semáforo (m)	semafor (n)	[sema'for]
transporte (m) público	transport (n) urban	[trans'port ur'ban]
cruzamento (m)	intersecţie (f)	[inter'sektsie]
passadeira (f)	trecere (f)	['tretʃere]
passagem (f) subterrânea	trecere (f) subterană	['tretʃere subte'ranə]
cruzar, atravessar (vt)	a traversa	[a traver'sa]
peão (m)	pieton (m)	[pie'ton]
passeio (m)	trotuar (n)	[trotu'ar]
ponte (f)	pod (n)	[pod]
margem (f) do rio	faleză (f)	[fa'lezə]
fonte (f)	havuz (n)	[ha'vuz]
alameda (f)	alee (f)	[a'lee]
parque (m)	parc (n)	[park]
bulevar (m)	bulevard (n)	[bule'vard]
praça (f)	piaţă (f)	['pjatsə]
avenida (f)	prospect (n)	[pros'pekt]
rua (f)	stradă (f)	['stradə]
travessa (f)	stradelă (f)	[stra'delə]
beco (m) sem saída	fundătură (f)	[fundə'turə]
casa (f)	casă (f)	['kasə]
edifício, prédio (m)	clădire (f)	[klə'dire]
arranha-céus (m)	zgârie-nori (m)	['zgirie norʲ]
fachada (f)	faţadă (f)	[fa'tsadə]
telhado (m)	acoperiş (n)	[akope'riʃ]

[ştip de telı̇nar]
['banka]

[poli'tsist]
[po'litsie]
[tʃerʃe'tor]
[vaga'bond]

...pataria (f)
...ivraria (f)
...o (m) fotográfico
...ária (f)
...(m pl)
...ə cabeleireiro

...ıutărie (f)		[brute'rie]
ɔrutar (m)		[bru'tar]
cofetărie (f)		[kofeta'rie]
băcănie (f)		[beke'nie]
hală (f) de carne		['hale de 'karne]
magazin (m) **de legume**		[maga'zin de le'gume]
piaţă (f)		['pjatse]
cafenea (f)		[kafe'nia]
restaurant (n)		[restau'rant]
berărie (f)		[bere'rie]
pizzerie (f)		[pitse'rie]
frizerie (f)		[frize'rie]
poştă (f)		['poʃta]
curăţătorie (f) chimică		[kuretseto'rie 'kimika]
atelier (n) **foto**		[ate'ljer 'foto]
magazin (n) **de încălţăminte**		[maga'zin de inkeltse'minte]
librărie (f)		[libre'rie]

...(n) **comercial** [maga'zin]
[farma'tʃie]
['optika]
['tʃentru komertʃi'al]
[super'market]

...rmarket (n)

Português	Română	
...gazin (n) sportiv		
...roitorie (f)		
închiriere (f) de haine		
închiriere (f) de filme		
	circ (n)	
	grădină (f) zoologică	
	cinematograf (n)	
	muzeu (n)	
	bibliotecă (f)	[bi'serik]
...ó (m)	teatru (n)	
ópera (f)	operă (f)	
clube (m) noturno	club (n) de noapte	['k...]
casino (m)	cazinou (n)	[ka...]
mesquita (f)	moschee (f)	[mos...]
sinagoga (f)	sinagogă (f)	[sina...]
catedral (f)	catedrală (f)	[kate'd...]
templo (m)	templu (n)	['templu]
igreja (f)	biserică (f)	[bi'serik]
instituto (m)	institut (n)	[insti'tut]
universidade (f)	universitate (f)	[universita...]
escola (f)	şcoală (f)	[ʃko'ale]
prefeitura (f)	prefectură (f)	[prefek'ture]
câmara (f) municipal	primărie (f)	[prime'rie]
hotel (m)	hotel (n)	[ho'tel]
banco (m)	bancă (f)	['banke]
embaixada (f)	ambasadă (f)	[amba'sade]
agência (f) de viagens	agenţie (f) de turism	[adʒen'tsie de tu'ri...]
agência (f) de informações	birou (n) de informaţii	[bi'rou de infor'ma...]
casa (f) de câmbio	schimb (n) valutar	[skimb valu'tar]
metro (m)	metrou (n)	[me'trou]
hospital (m)	spital (n)	[spi'tal]
posto (m) de gasolina	benzinărie (f)	[benzine'rie]
parque (m) de estacionamento	parcare (f)	[par'kare]

77. Transportes urbanos

Português	Română	
autocarro (m)	autobuz (n)	[auto'buz]
elétrico (m)	tramvai (n)	[tram'vaj]
troleicarro (m)	troleibuz (n)	[trolej'buz]
itinerário (m)	rută (f)	['rute]
número (m)	număr (n)	['numer]
ir de ... (carro, etc.)	a merge cu ...	[a 'merdʒe ku]
entrar (~ no autocarro)	a se urca	[a se ur'ka]
descer de ...	a coborî	[a kobo'ri]
paragem (f)	staţie (f)	['statsie]

janela (f)	fereastră (f)	[fe'rʲastrə]
arco (m)	arc (n)	[ark]
coluna (f)	coloană (f)	[kolo'anə]
esquina (f)	colț (n)	[kolts]

montra (f)	vitrină (f)	[vi'trinə]
letreiro (m)	firmă (f)	['firmə]
cartaz (m)	afiş (n)	[a'fiʃ]
cartaz (m) publicitário	afişaj (n)	[afi'ʃaʒ]
painel (m) publicitário	panou (n) publicitar	[pa'nu publitʃi'tar]

lixo (m)	gunoi (n)	[gu'noj]
cesta (f) do lixo	coş (n) de gunoi	[koʃ de gu'noj]
jogar lixo na rua	a face murdărie	[a 'fatʃe murdə'rie]
aterro (m) sanitário	groapă (f) de gunoi	[gro'apə de gu'noj]

cabine (f) telefónica	cabină (f) telefonică	[ka'binə tele'fonikə]
candeeiro (m) de rua	stâlp (m) de felinar	[stîlp de feli'nar]
banco (m)	bancă (f)	['bankə]

polícia (m)	poliţist (m)	[poli'tsist]
polícia (instituição)	poliţie (f)	[po'litsie]
mendigo (m)	cerşetor (m)	[tʃerʃe'tor]
sem-abrigo (m)	vagabond (m)	[vaga'bond]

76. Instituições urbanas

loja (f)	magazin (n)	[maga'zin]
farmácia (f)	farmacie (f)	[farma'tʃie]
ótica (f)	optică (f)	['optikə]
centro (m) comercial	centru (n) comercial	['tʃentru komertʃi'al]
supermercado (m)	supermarket (n)	[super'market]

padaria (f)	brutărie (f)	[brutə'rie]
padeiro (m)	brutar (m)	[bru'tar]
pastelaria (f)	cofetărie (f)	[kofetə'rie]
mercearia (f)	băcănie (f)	[bəkə'nie]
talho (m)	hală (f) de carne	['halə de 'karne]

loja (f) de legumes	magazin (m) de legume	[maga'zin de le'gume]
mercado (m)	piaţă (f)	['pjatsə]

café (m)	cafenea (f)	[kafe'nʲa]
restaurante (m)	restaurant (n)	[restau'rant]
bar (m), cervejaria (f)	berărie (f)	[berə'rie]
pizzaria (f)	pizzerie (f)	[pitse'rie]

salão (m) de cabeleireiro	frizerie (f)	[frize'rie]
correios (m pl)	poştă (f)	['poʃtə]
lavandaria (f)	curăţătorie (f) chimică	[kurətsəto'rie 'kimikə]
estúdio (m) fotográfico	atelier (n) foto	[ate'ljer 'foto]

sapataria (f)	magazin (n) de încălţăminte	[maga'zin de inkəltsə'minte]
livraria (f)	librărie (f)	[librə'rie]

loja (f) de artigos de desporto	magazin (n) sportiv	[maga'zin spor'tiv]
reparação (f) de roupa	croitorie (f)	[kroito'rie]
aluguer (m) de roupa	închiriere (f) de haine	[inki'rjere de 'hajne]
aluguer (m) de filmes	închiriere (f) de filme	[inki'rjere de 'filme]

circo (m)	circ (n)	[tʃirk]
jardim (m) zoológico	grădină (f) zoologică	[grə'dinə zoo'loʤikə]
cinema (m)	cinematograf (n)	[tʃinemato'graf]
museu (m)	muzeu (n)	[mu'zeu]
biblioteca (f)	bibliotecă (f)	[biblio'tekə]

teatro (m)	teatru (n)	[te'atru]
ópera (f)	operă (f)	['operə]
clube (m) noturno	club (n) de noapte	['klub de no'apte]
casino (m)	cazinou (n)	[kazi'nou]

mesquita (f)	moschee (f)	[mos'kee]
sinagoga (f)	sinagogă (f)	[sina'gogə]
catedral (f)	catedrală (f)	[kate'dralə]
templo (m)	templu (n)	['templu]
igreja (f)	biserică (f)	[bi'serikə]

instituto (m)	institut (n)	[insti'tut]
universidade (f)	universitate (f)	[universi'tate]
escola (f)	şcoală (f)	[ʃko'alə]

prefeitura (f)	prefectură (f)	[prefek'turə]
câmara (f) municipal	primărie (f)	[prime'rie]
hotel (m)	hotel (n)	[ho'tel]
banco (m)	bancă (f)	['bankə]

embaixada (f)	ambasadă (f)	[amba'sadə]
agência (f) de viagens	agenţie (f) de turism	[aʤen'tsie de tu'rism]
agência (f) de informações	birou (n) de informaţii	[bi'rou de infor'matsij]
casa (f) de câmbio	schimb (n) valutar	[skimb valu'tar]

metro (m)	metrou (n)	[me'trou]
hospital (m)	spital (n)	[spi'tal]

posto (m) de gasolina	benzinărie (f)	[benzinə'rie]
parque (m) de estacionamento	parcare (f)	[par'kare]

77. Transportes urbanos

autocarro (m)	autobuz (n)	[auto'buz]
elétrico (m)	tramvai (n)	[tram'vaj]
troleicarro (m)	troleibuz (n)	[trolej'buz]
itinerário (m)	rută (f)	['rutə]
número (m)	număr (n)	['numər]

ir de ... (carro, etc.)	a merge cu ...	[a 'merʤe ku]
entrar (~ no autocarro)	a se urca	[a se ur'ka]
descer de ...	a coborî	[a kobo'ri]
paragem (f)	staţie (f)	['statsie]

próxima paragem (f)	stația (f) următoare	['statsija urməto'are]
ponto (m) final	ultima stație (f)	['ultima 'statsie]
horário (m)	orar (n)	[o'rar]
esperar (vt)	a aştepta	[a aʃtep'ta]

bilhete (m)	bilet (n)	[bi'let]
custo (m) do bilhete	costul (n) biletului	['kostul bi'letuluj]

bilheteiro (m)	casier (m)	[ka'sjer]
controlo (m) dos bilhetes	control (n)	[kon'trol]
revisor (m)	controlor (m)	[kontro'lor]

atrasar-se (vr)	a întârzia	[a intir'zija]
perder (o autocarro, etc.)	a pierde ...	[a 'pjerdə]
estar com pressa	a se grăbi	[a se grə'bi]

táxi (m)	taxi (n)	[ta'ksi]
taxista (m)	taximetrist (m)	[taksime'trist]
de táxi (ir ~)	cu taxiul	[ku ta'ksjul]
praça (f) de táxis	stație (f) de taxiuri	['statsie de ta'ksjurʲ]
chamar um táxi	a chema un taxi	[a ke'ma un ta'ksi]
apanhar um táxi	a lua un taxi	[a lu'a un ta'ksi]

tráfego (m)	circulație (f) pe stradă	[tʃirku'latsie pe 'stradə]
engarrafamento (m)	ambuteiaj (n)	[ambute'jaʒ]
horas (f pl) de ponta	oră (f) de vârf	[orə de virf]
estacionar (vi)	a se parca	[a se par'ka]
estacionar (vt)	a parca	[a par'ka]
parque (m) de estacionamento	parcare (f)	[par'kare]

metro (m)	metrou (n)	[me'trou]
estação (f)	stație (f)	['statsie]
ir de metro	a merge cu metroul	[a 'merdʒe ku me'troul]
comboio (m)	tren (n)	[tren]
estação (f)	gară (f)	['garə]

78. Turismo

monumento (m)	monument (n)	[monu'ment]
fortaleza (f)	cetate (f)	[tʃe'tate]
palácio (m)	palat (n)	[pa'lat]
castelo (m)	castel (n)	[kas'tel]
torre (f)	turn (n)	[turn]
mausoléu (m)	mausoleu (n)	[mawzo'leu]

arquitetura (f)	arhitectură (f)	[arhitek'turə]
medieval	medieval	[medie'val]
antigo	vechi	[vekʲ]
nacional	național	[natsio'nal]
conhecido	cunoscut	[kunos'kut]

turista (m)	turist (m)	[tu'rist]
guia (pessoa)	ghid (m)	[gid]
excursão (f)	excursie (f)	[eks'kursie]

mostrar (vt)	a arăta	[a arə'ta]
contar (vt)	a povesti	[a poves'ti]

encontrar (vt)	a găsi	[a gə'si]
perder-se (vr)	a se pierde	[a se 'pjerde]
mapa (~ do metrô)	schemă (f)	['skemə]
mapa (~ da cidade)	plan (m)	[plan]

lembrança (f), presente (m)	suvenir (n)	[suve'nir]
loja (f) de presentes	magazin (n) de suveniruri	[maga'zin de suve'nirurʲ]
fotografar (vt)	a fotografia	[a fotografi'ja]
fotografar-se	a se fotografia	[a se fotografi'ja]

79. Compras

comprar (vt)	a cumpăra	[a kumpə'ra]
compra (f)	cumpărătură (f)	[kumpərə'turə]
fazer compras	a face cumpărături	[a 'fatʃe kumpərə'turʲ]
compras (f pl)	shopping (n)	['ʃoping]

estar aberta (loja, etc.)	a fi deschis	[a fi des'kis]
estar fechada	a se închide	[a se in'kide]

calçado (m)	încălţăminte (f)	[inkəltsə'minte]
roupa (f)	haine (f pl)	['hajne]
cosméticos (m pl)	cosmetică (f)	[kos'metikə]
alimentos (m pl)	produse (n pl)	[pro'duse]
presente (m)	cadou (n)	[ka'dou]

vendedor (m)	vânzător (m)	[vinzə'tor]
vendedora (f)	vânzătoare (f)	[vinzəto'are]

caixa (f)	casă (f)	['kasə]
espelho (m)	oglindă (f)	[og'lində]
balcão (m)	tejghea (f)	[teʒ'gʲa]
cabine (f) de provas	cabină (f) de probă	[ka'binə de 'probə]

provar (vt)	a proba	[a pro'ba]
servir (vi)	a veni	[a ve'ni]
gostar (apreciar)	a plăcea	[a plə'tʃa]

preço (m)	preţ (n)	[prets]
etiqueta (f) de preço	indicator (n) de preţuri	[indika'tor de 'pretsurʲ]
custar (vt)	a costa	[a kos'ta]
Quanto?	Cât?	[kit]
desconto (m)	reducere (f)	[re'dutʃere]

não caro	ieftin	['jeftin]
barato	ieftin	['jeftin]
caro	scump	[skump]
É caro	E scump	[e skump]

aluguer (m)	închiriere (f)	[inkiri'ere]
alugar (vestidos, etc.)	a lua în chirie	[a lu'a in ki'rie]

| crédito (m) | credit (n) | ['kredit] |
| a crédito | în credit | [in 'kredit] |

80. Dinheiro

dinheiro (m)	bani (m pl)	[banʲ]
câmbio (m)	schimb (n)	[skimb]
taxa (f) de câmbio	curs (n)	[kurs]
Caixa Multibanco (m)	bancomat (n)	[banko'mat]
moeda (f)	monedă (f)	[mo'nedə]

| dólar (m) | dolar (m) | [do'lar] |
| euro (m) | euro (m) | ['euro] |

lira (f)	liră (f)	['lirə]
marco (m)	marcă (f)	['markə]
franco (m)	franc (m)	[frank]
libra (f) esterlina	liră (f) sterlină	['lirə ster'linə]
iene (m)	yen (f)	['jen]

dívida (f)	datorie (f)	[dato'rie]
devedor (m)	datornic (m)	[da'tornik]
emprestar (vt)	a da cu împrumut	[a da ku impru'mut]
pedir emprestado	a lua cu împrumut	[a lu'a ku impru'mut]

banco (m)	bancă (f)	['bankə]
conta (f)	cont (n)	[kont]
depositar na conta	a pune în cont	[a 'pune in 'kont]
levantar (vt)	a scoate din cont	[a sko'ate din kont]

cartão (m) de crédito	carte (f) de credit	['karte de 'kredit]
dinheiro (m) vivo	numerar (n)	[nume'rar]
cheque (m)	cec (n)	[ʧek]
passar um cheque	a scrie un cec	[a 'skrie un ʧek]
livro (m) de cheques	carte (f) de cecuri	['karte de 'ʧekurʲ]

carteira (f)	portvizit (n)	[portvi'zit]
porta-moedas (m)	portofel (n)	[porto'fel]
cofre (m)	seif (n)	['sejf]

herdeiro (m)	moştenitor (m)	[moʃteni'tor]
herança (f)	moştenire (f)	[moʃte'nire]
fortuna (riqueza)	avere (f)	[a'vere]

arrendamento (m)	arendă (f)	[a'rendə]
renda (f) de casa	chirie (f)	[ki'rie]
alugar (vt)	a închiria	[a inkiri'ja]

preço (m)	preţ (n)	[preʦ]
custo (m)	valoare (f)	[valo'are]
soma (f)	sumă (f)	['sume]

| gastar (vt) | a cheltui | [a keltu'i] |
| gastos (m pl) | cheltuieli (f pl) | [keltu'elʲ] |

| economizar (vi) | a economisi | [a ekonomi'si] |
| económico | econom | [eko'nom] |

pagar (vt)	a plăti	[a plə'ti]
pagamento (m)	plată (f)	['platə]
troco (m)	rest (n)	[rest]

imposto (m)	impozit (n)	[im'pozit]
multa (f)	amendă (f)	[a'mendə]
multar (vt)	a amenda	[a amen'da]

81. Correios. Serviço postal

correios (m pl)	poştă (f)	['poʃtə]
correio (m)	corespondenţă (f)	[korespon'dentsə]
carteiro (m)	poştaş (m)	[poʃ'taʃ]
horário (m)	ore (f pl) de lucru	['ore de 'lukru]

carta (f)	scrisoare (f)	[skriso'are]
carta (f) registada	scrisoare (f) recomandată	[skriso'are rekoman'datə]
postal (m)	carte (f) poştală	['karte poʃ'talə]
telegrama (m)	telegramă (f)	[tele'gramə]
encomenda (f) postal	colet (n)	[ko'let]
remessa (f) de dinheiro	mandat (n) poştal	[man'dat poʃ'tal]

receber (vt)	a primi	[a pri'mi]
enviar (vt)	a expedia	[a ekspedi'ja]
envio (m)	expediere (f)	[ekspe'djere]

endereço (m)	adresă (f)	[a'dresə]
código (m) postal	cod (n) poştal	[kod poʃ'tal]
remetente (m)	expeditor (m)	[ekspedi'tor]
destinatário (m)	destinatar (m)	[destina'tar]

| nome (m) | prenume (n) | [pre'nume] |
| apelido (m) | nume (n) | ['nume] |

tarifa (f)	tarif (n)	[ta'rif]
ordinário	normal	[nor'mal]
económico	econom	[eko'nom]

peso (m)	greutate (f)	[greu'tate]
pesar (estabelecer o peso)	a cântări	[a kintə'ri]
envelope (m)	plic (n)	[plik]
selo (m)	timbru (n)	['timbru]
colar o selo	a lipi timbrul	[a li'pi 'timbrul]

Moradia. Casa. Lar

82. Casa. Habitação

casa (f)	casă (f)	['kasə]
em casa	acasă	[a'kasə]
pátio (m)	curte (f)	['kurte]
cerca (f)	gard (n)	[gard]
tijolo (m)	cărămidă (f)	[kərə'midə]
de tijolos	de, din cărămidă	[de, din kərə'midə]
pedra (f)	piatră (f)	['pjatrə]
de pedra	de, din piatră	[de, din 'pjatrə]
betão (m)	beton (n)	[be'ton]
de betão	de, din beton	[de, din be'ton]
novo	nou	['nou]
velho	vechi	[vekʲ]
decrépito	vechi	[vekʲ]
moderno	contemporan	[kontempo'ran]
de muitos andares	cu multe etaje	[ku 'multe e'taʒe]
alto	înalt	[i'nalt]
andar (m)	etaj (n)	[e'taʒ]
de um andar	cu un singur etaj	[ku un 'singur e'taʒ]
andar (m) de baixo	etajul (n) de jos	[e'taʒul de ʒos]
andar (m) de cima	etajul (n) de sus	[e'taʒul de sus]
telhado (m)	acoperiş (n)	[akope'riʃ]
chaminé (f)	tub (n)	[tub]
telha (f)	ţiglă (f)	['tsiglə]
de telha	de, din ţiglă	[de, din 'tsiglə]
sótão (m)	mansardă (f)	[man'sardə]
janela (f)	fereastră (f)	[fe'rʲastrə]
vidro (m)	sticlă (f)	['stiklə]
parapeito (m)	pervaz (n)	[per'vaz]
portadas (f pl)	oblon (n) la fereastră	[o'blon la fe'rʲastrə]
parede (f)	perete (m)	[pe'rete]
varanda (f)	balcon (n)	[bal'kon]
tubo (m) de queda	burlan (n)	[bur'lan]
em cima	deasupra	[dʲa'supra]
subir (~ as escadas)	a urca	[a ur'ka]
descer (vi)	a coborî	[a kobo'ri]
mudar-se (vr)	a se muta	[a se mu'ta]

83. Casa. Entrada. Elevador

entrada (f)	intrare (f)	[in'trare]
escada (f)	scară (f)	['skarə]
degraus (m pl)	trepte (f pl)	['trepte]
corrimão (m)	balustradă (f)	[balu'stradə]
hall (m) de entrada	hol (n)	[hol]
caixa (f) de correio	cutie (f) poştală	[ku'tie poʃ'talə]
caixote (m) do lixo	ladă (f) de gunoi	['ladə de gu'noj]
conduta (f) do lixo	conductă (f) de gunoi	[kon'duktə de gu'noj]
elevador (m)	lift (n)	[lift]
elevador (m) de carga	ascensor (n) de marfă	[astʃen'sor de 'marfə]
cabine (f)	cabină (f)	[ka'binə]
pegar o elevador	a merge cu liftul	[a 'merdʒe ku 'liftul]
apartamento (m)	apartament (n)	[aparta'ment]
moradores (m pl)	locatari (m pl)	[loka'tarⁱ]
vizinho (m)	vecin (m)	[ve'tʃin]
vizinha (f)	vecină (f)	[ve'tʃinə]
vizinhos (pl)	vecini (m pl)	[ve'tʃinⁱ]

84. Casa. Portas. Fechaduras

porta (f)	uşă (f)	['uʃə]
portão (m)	poartă (f)	[po'artə]
maçaneta (f)	clanţă (f)	['klantsə]
destrancar (vt)	a descuia	[a desku'ja]
abrir (vt)	a deschide	[a des'kide]
fechar (vt)	a închide	[a i'nkide]
chave (f)	cheie (f)	['kee]
molho (m)	legătură (f) de chei	[legə'turə de 'kej]
ranger (vi)	a scârţâi	[a skirtsi'i]
rangido (m)	scârţâit (n)	[skirtsi'it]
dobradiça (f)	balama (f)	[bala'ma]
tapete (m) de entrada	covoraş (n)	[kovo'raʃ]
fechadura (f)	încuietoare (f)	[inkueto'are]
buraco (m) da fechadura	gaura (f) cheii	['gaura 'keij]
ferrolho (m)	zăvor (n)	[zə'vor]
fecho (ferrolho pequeno)	zăvor (n)	[zə'vor]
cadeado (m)	lacăt (n)	['lakət]
tocar (vt)	a suna	[a su'na]
toque (m)	sunet (n)	['sunet]
campainha (f)	sonerie (f)	[sone'rie]
botão (m)	buton (n)	[bu'ton]
batida (f)	bătaie (f)	[bə'tae]
bater (vi)	a bate	[a 'bate]
código (m)	cod (n)	[kod]
fechadura (f) de código	lacăt (n) cu cod	['lakət ku kod]

telefone (m) de porta	interfon (n)	[inter'fon]
número (m)	număr (n)	['numər]
placa (f) de porta	placă (f)	['plakə]
vigia (f), olho (m) mágico	vizor (f)	[vi'zor]

85. Casa de campo

aldeia (f)	sat (n)	[sat]
horta (f)	grădină (f) de zarzavat	[grə'dinə de zarza'vat]
cerca (f)	gard (n)	[gard]
paliçada (f)	îngrăditură (f)	[ingrədi'turə]
cancela (f) do jardim	portiță (f)	[por'titsə]
celeiro (m)	hambar (n)	[ham'bar]
adega (f)	beci (n)	[betʃi]
galpão, barracão (m)	magazie (f)	[maga'zie]
poço (m)	fântână (f)	[fin'tinə]
fogão (m)	sobă (f)	['sobə]
atiçar o fogo	a face focul	[a 'fatʃe 'fokul]
lenha (carvão ou ~)	lemne (n pl)	['lemne]
acha (lenha)	bucată (f) de lemn	[bu'katə de lemn]
varanda (f)	verandă (f)	[ve'randə]
alpendre (m)	terasă (f)	[te'rasə]
degraus (m pl) de entrada	verandă (f)	[ve'randə]
balouço (m)	scrânciob (n)	['skrintʃiob]

86. Castelo. Palácio

castelo (m)	castel (n)	[kas'tel]
palácio (m)	palat (n)	[pa'lat]
fortaleza (f)	cetate (f)	[tʃe'tate]
muralha (f)	zid (n)	[zid]
torre (f)	turn (n)	[turn]
calabouço (m)	turnul (n) principal	['turnul printʃi'pal]
grade (f) levadiça	porți (f pl) rulante	['portsʲ ru'lante]
passagem (f) subterrânea	subsol (n)	[sub'sol]
fosso (m)	şanţ (n)	[ʃants]
corrente, cadeia (f)	lanţ (n)	[lants]
seteira (f)	meterez (n)	[mete'rez]
magnífico	măreţ	[mə'rets]
majestoso	maiestuos	[maestu'os]
inexpugnável	de necucerit	[de nekutʃe'rit]
medieval	medieval	[medie'val]

87. Apartamento

apartamento (m)	apartament (n)	[aparta'ment]
quarto (m)	cameră (f)	['kamerə]
quarto (m) de dormir	dormitor (n)	[dormi'tor]
sala (f) de jantar	sufragerie (f)	[sufradʒe'rie]
sala (f) de estar	salon (n)	[sa'lon]
escritório (m)	cabinet (n)	[kabi'net]
antessala (f)	antreu (n)	[an'treu]
quarto (m) de banho	baie (f)	['bae]
toilette (lavabo)	toaletă (f)	[toa'letə]
teto (m)	pod (n)	[pod]
chão, soalho (m)	podea (f)	[po'd̦a]
canto (m)	colţ (n)	[kolʦ]

88. Apartamento. Limpeza

arrumar, limpar (vt)	a face ordine	[a 'fatʃe 'ordine]
guardar (no armário, etc.)	a strânge	[a 'strindʒe]
pó (m)	praf (n)	[praf]
empoeirado	prăfuit	[prəfu'it]
limpar o pó	a şterge praful	[a 'ʃterdʒe 'praful]
aspirador (m)	aspirator (n)	[aspira'tor]
aspirar (vt)	a da cu aspiratorul	[a da ku aspira'torul]
varrer (vt)	a mătura	[a mətu'ra]
sujeira (f)	gunoi (n)	[gu'noj]
arrumação (f), ordem (f)	ordine (f)	['ordine]
desordem (f)	dezordine (f)	[de'zordine]
esfregão (m)	teu (n)	['teu]
pano (m), trapo (m)	cârpă (f)	['kirpə]
vassoura (f)	mătură (f)	['məturə]
pá (f) de lixo	făraş (n)	[fə'raʃ]

89. Mobiliário. Interior

mobiliário (m)	mobilă (f)	['mobilə]
mesa (f)	masă (f)	['masə]
cadeira (f)	scaun (n)	['skaun]
cama (f)	pat (n)	[pat]
divã (m)	divan (n)	[di'van]
cadeirão (m)	fotoliu (n)	[fo'tolju]
estante (f)	dulap (n) de cărţi	[du'lap de kərʦ]
prateleira (f)	raft (n)	[raft]
guarda-vestidos (m)	dulap (n) de haine	[du'lap de 'hajne]
cabide (m) de parede	cuier (n) perete	[ku'jer pe'rete]

cabide (m) de pé	cuier (n) pom	[ku'jer pom]
cómoda (f)	comodă (f)	[ko'modə]
mesinha (f) de centro	măsuţă (f)	[mə'sutsə]
espelho (m)	oglindă (f)	[og'lində]
tapete (m)	covor (n)	[ko'vor]
tapete (m) pequeno	carpetă (f)	[kar'petə]
lareira (f)	şemineu (n)	[ʃəmi'neu]
vela (f)	lumânare (f)	[lumi'nare]
castiçal (m)	sfeşnic (n)	['sfeʃnik]
cortinas (f pl)	draperii (f pl)	[drape'rij]
papel (m) de parede	tapet (n)	[ta'pet]
estores (f pl)	jaluzele (f pl)	[ʒalu'zele]
candeeiro (m) de mesa	lampă (f) de birou	['lampə de bi'rou]
candeeiro (m) de parede	lampă (f)	['lampə]
candeeiro (m) de pé	lampă (f) cu picior	['lampə ku pi'tʃior]
lustre (m)	lustră (f)	['lustrə]
pé (de mesa, etc.)	picior (n)	[pi'tʃior]
braço (m)	braţ (n) la fotoliu	['brats la fo'tolju]
costas (f pl)	spătar (n)	[spə'tar]
gaveta (f)	sertar (n)	[ser'tar]

90. Quarto de dormir

roupa (f) de cama	lenjerie (f)	[lenʒe'rie]
almofada (f)	pernă (f)	['pernə]
fronha (f)	faţă (f) de pernă	['fatsə de 'pernə]
cobertor (m)	plapumă (f)	['plapumə]
lençol (m)	cearşaf (n)	[tʃar'ʃaf]
colcha (f)	pătură (f)	[pəturə]

91. Cozinha

cozinha (f)	bucătărie (f)	[bukətə'rie]
gás (m)	gaz (n)	[gaz]
fogão (m) a gás	aragaz (n)	[ara'gaz]
fogão (m) elétrico	plită (f) electrică	['plitə e'lektrikə]
forno (m)	cuptor (n)	[kup'tor]
forno (m) de micro-ondas	cuptor (n) cu microunde	[kup'tor ku mikro'unde]
frigorífico (m)	frigider (n)	[fridʒi'der]
congelador (m)	congelator (n)	[kondʒela'tor]
máquina (f) de lavar louça	maşină (f) de spălat vase	[ma'ʃinə de spə'lat 'vase]
moedor (m) de carne	maşină (f) de tocat carne	[ma'ʃinə de to'kat 'karne]
espremedor (m)	storcător (n)	[storkə'tor]
torradeira (f)	prăjitor (n) de pâine	[prəʒi'tor de 'pine]
batedeira (f)	mixer (n)	['mikser]

máquina (f) de café	fierbător (n) de cafea	[fierbə'tor de ka'fia]
cafeteira (f)	ibric (n)	[i'brik]
moinho (m) de café	râşniţă (f) de cafea	['riʃnitsə de ka'fia]

chaleira (f)	ceainic (n)	['tʃajnik]
bule (m)	ceainic (n)	['tʃajnik]
tampa (f)	capac (n)	[ka'pak]
coador (m) de chá	strecurătoare (f)	[strekurəto'are]

colher (f)	lingură (f)	['lingurə]
colher (f) de chá	linguriţă (f) de ceai	[lingu'ritsə de tʃaj]
colher (f) de sopa	lingură (f)	['lingurə]
garfo (m)	furculiţă (f)	[furku'litsə]
faca (f)	cuţit (n)	[ku'tsit]

louça (f)	vase (n pl)	['vase]
prato (m)	farfurie (f)	[farfu'rie]
pires (m)	farfurioară (f)	[farfurio'arə]

cálice (m)	păhărel (n)	[pəhə'rel]
copo (m)	pahar (n)	[pa'har]
chávena (f)	ceaşcă (f)	['tʃaʃkə]

açucareiro (m)	zaharniţă (f)	[za'harnitsə]
saleiro (m)	solniţă (f)	['solnitsə]
pimenteiro (m)	piperniţă (f)	[pi'pernitsə]
manteigueira (f)	untieră (f)	[un'tjerə]

panela, caçarola (f)	cratiţă (f)	['kratitsə]
frigideira (f)	tigaie (f)	[ti'gae]
concha (f)	polonic (n)	[polo'nik]
passador (m)	strecurătoare (f)	[strekurəto'are]
bandeja (f)	tavă (f)	['tavə]

garrafa (f)	sticlă (f)	['stiklə]
boião (m) de vidro	borcan (n)	[bor'kan]
lata (f)	cutie (f)	[ku'tie]

abre-garrafas (m)	deschizător (n) de sticle	[deskizə'tor de 'stikle]
abre-latas (m)	deschizător (n) de conserve	[deskizə'tor de kon'serve]
saca-rolhas (m)	tirbuşon (n)	[tirbu'ʃon]
filtro (m)	filtru (n)	['filtru]
filtrar (vt)	a filtra	[a fil'tra]

lixo (m)	gunoi (n)	[gu'noj]
balde (m) do lixo	coş (n) de gunoi	[koʃ de gu'noj]

92. Casa de banho

quarto (m) de banho	baie (f)	['bae]
água (f)	apă (f)	['apə]
torneira (f)	robinet (n)	[robi'net]
água (f) quente	apă (f) fierbinte	['apə fjer'binte]
água (f) fria	apă (f) rece	['apə 'retʃe]

pasta (f) de dentes	pastă (f) de dinți	['pastə de dintsⁱ]
escovar os dentes	a se spăla pe dinți	[a se spə'la pe dintsⁱ]

barbear-se (vr)	a se bărbieri	[a se bərbie'ri]
espuma (f) de barbear	spumă (f) de ras	['spumə de 'ras]
máquina (f) de barbear	brici (n)	['britʃi]

lavar (vt)	a spăla	[a spə'la]
lavar-se (vr)	a se spăla	[a se spə'la]
duche (m)	duş (n)	[duʃ]
tomar um duche	a face duş	[a 'fatʃe duʃ]

banheira (f)	cadă (f)	['kadə]
sanita (f)	closet (n)	[klo'set]
lavatório (m)	chiuvetă (f)	[kju'vetə]

sabonete (m)	săpun (n)	[sə'pun]
saboneteira (f)	săpunieră (f)	[səpu'njerə]

esponja (f)	burete (n)	[bu'rete]
champô (m)	şampon (n)	[ʃam'pon]
toalha (f)	prosop (n)	[pro'sop]
roupão (m) de banho	halat (n)	[ha'lat]

lavagem (f)	spălat (n)	[spə'lat]
máquina (f) de lavar	maşină (f) de spălat	[ma'ʃinə de spə'lat]
lavar a roupa	a spăla haine	[a spə'la 'hajne]
detergente (m)	detergent (n)	[deter'dʒent]

93. Eletrodomésticos

televisor (m)	televizor (n)	[televi'zor]
gravador (m)	casetofon (n)	[kaseto'fon]
videogravador (m)	videomagnetofon (n)	[videomagneto'fon]
rádio (m)	aparat (n) de radio	[apa'rat de 'radio]
leitor (m)	CD player (n)	[si'di 'pleer]

projetor (m)	proiector (n) video	[proek'tor 'video]
cinema (m) em casa	sistem (n) home cinema	[sis'tem 'houm 'sinema]
leitor (m) de DVD	DVD-player (n)	[divi'di 'pleer]
amplificador (m)	amplificator (n)	[amplifi'kator]
console (f) de jogos	consolă (f) de jocuri	[kon'solə de 'ʒokurⁱ]

câmara (f) de vídeo	cameră (f) video	['kamerə 'video]
máquina (f) fotográfica	aparat (n) foto	[apa'rat 'foto]
câmara (f) digital	aparat (n) foto digital	[apa'rat 'foto didʒi'tal]

aspirador (m)	aspirator (n)	[aspira'tor]
ferro (m) de engomar	fier (n) de călcat	[fier de kəl'kat]
tábua (f) de engomar	masă (f) de călcat	['masə de kəl'kat]

telefone (m)	telefon (n)	[tele'fon]
telemóvel (m)	telefon (n) mobil	[tele'fon mo'bil]
máquina (f) de escrever	maşină (f) de scris	[ma'ʃinə de skris]

máquina (f) de costura	maşină (f) de cusut	[ma'ʃine de ku'sut]
microfone (m)	microfon (n)	[mikro'fon]
auscultadores (m pl)	căşti (f pl)	[kəʃtʲ]
controlo remoto (m)	telecomandă (f)	[teleko'mandə]

CD (m)	CD (n)	[si'di]
cassete (f)	casetă (f)	[ka'setə]
disco (m) de vinil	placă (f)	['plakə]

94. Reparações. Renovação

renovação (f)	reparaţie (f)	[repa'ratsie]
renovar (vt), fazer obras	a face reparaţie	[a 'fatʃe repa'ratsie]
reparar (vt)	a repara	[a repa'ra]
consertar (vt)	a pune în ordine	[a 'pune in 'ordine]
refazer (vt)	a reface	[a re'fatʃe]

tinta (f)	vopsea (f)	[vop'sʲa]
pintar (vt)	a vopsi	[a vop'si]
pintor (m)	zugrav (m)	[zu'grav]
pincel (m)	pensulă (f)	['pensulə]

| cal (f) | var (n) | [var] |
| caiar (vt) | a vărui | [a vəru'i] |

papel (m) de parede	tapet (n)	[ta'pet]
colocar papel de parede	a tapeta	[a tape'ta]
verniz (m)	lac (n)	[lak]
envernizar (vt)	a lăcui	[a ləku'i]

95. Canalizações

água (f)	apă (f)	['apə]
água (f) quente	apă (f) fierbinte	['apə fjer'binte]
água (f) fria	apă (f) rece	['apə 'retʃe]
torneira (f)	robinet (n)	[robi'net]

gota (f)	picătură (f)	[pikə'turə]
gotejar (vi)	a picura	[a piku'ra]
vazar (vt)	a curge	[a 'kurdʒe]
vazamento (m)	scurgere (f)	['skurdʒere]
poça (f)	baltă (f)	['baltə]

tubo (m)	ţeavă (f)	['tsʲavə]
válvula (f)	ventil (n)	[ven'til]
entupir-se (vr)	a se înfunda	[a se infun'da]

ferramentas (f pl)	instrumente (n pl)	[instru'mente]
chave (f) inglesa	cheie (f) reglabilă	['kee re'glabilə]
desenroscar (vt)	a deşuruba	[a deʃuru'ba]
enroscar (vt)	a înşuruba	[a inʃuru'ba]
desentupir (vt)	a curăţa	[a kurə'tsa]

canalizador (m)	instalator (m)	[instala'tor]
cave (f)	subsol (n)	[sub'sol]
sistema (m) de esgotos	canalizare (f)	[kanali'zare]

96. Fogo. Deflagração

incêndio (m)	foc (n)	[fok]
chama (f)	flacără (f)	['flakərə]
faísca (f)	scânteie (f)	[skin'tee]
fumo (m)	fum (n)	[fum]
tocha (f)	făclie (f)	[fək'lie]
fogueira (f)	foc (n)	[fok]

gasolina (f)	benzină (f)	[ben'zinə]
querosene (m)	petrol (n)	[pe'trol]
inflamável	inflamabil	[infla'mabil]
explosivo	explozibil	[eksplo'zibil]
PROIBIDO FUMAR!	NU FUMAȚI!	[nu fu'mats]

segurança (f)	siguranță (f)	[sigu'rantsə]
perigo (m)	pericol (n)	[pe'rikol]
perigoso	periculos	[periku'los]

incendiar-se (vr)	a lua foc	[a lu'a 'fok]
explosão (f)	explozie (f)	[eks'plozie]
incendiar (vt)	a incendia	[a intʃendi'a]
incendiário (m)	incendiator (m)	[intʃendia'tor]
incêndio (m) criminoso	incendiere (f)	[intʃen'djere]

arder (vi)	a arde cu flăcări mari	[a 'arde ku fləkə'ri 'mari]
queimar (vi)	a arde	[a 'arde]
queimar tudo (vi)	a arde din temelie	[a 'arde din teme'lie]

bombeiro (m)	pompier (m)	[pom'pjer]
carro (m) de bombeiros	maşină (f) de pompieri	[ma'ʃinə de pom'pjeri]
corpo (m) de bombeiros	echipă (f) de pompieri	[ekipə de pom'pjeri]
escada (f) extensível	scară (f) de incendiu	['skarə de in'tʃendju]

mangueira (f)	furtun (n)	[fur'tun]
extintor (m)	stingător (n)	[stingə'tor]
capacete (m)	cască (f)	['kaskə]
sirene (f)	sirenă (f)	[si'renə]

gritar (vi)	a striga	[a stri'ga]
chamar por socorro	a chema în ajutor	[a ke'ma in aʒu'tor]
salvador (m)	salvator (m)	[salva'tor]
salvar, resgatar (vt)	a salva	[a sal'va]

chegar (vi)	a veni	[a ve'ni]
apagar (vt)	a stinge	[a 'stindʒe]
água (f)	apă (f)	['apə]
areia (f)	nisip (n)	[ni'sip]
ruínas (f pl)	ruine (f pl)	[ru'ine]
ruir (vi)	a se prăbuşi	[a se prəbu'ʃi]

| desmoronar (vi) | a se dărâma | [a se dəri'ma] |
| desabar (vi) | a se surpa | [a se sur'pa] |

| fragmento (m) | dărâmătură (f) | [dərəmə'turə] |
| cinza (f) | scrum (n) | [skrum] |

| sufocar (vi) | a se sufoca | [a se sufo'ka] |
| perecer (vi) | a deceda | [a detʃe'da] |

ATIVIDADES HUMANAS

Emprego. Negócios. Parte 1

97. Banca

banco (m)	bancă (f)	['bankə]
sucursal, balcão (f)	sucursală (f)	[sukur'salə]
consultor (m)	consultant (m)	[konsul'tant]
gerente (m)	director (m)	[di'rektor]
conta (f)	cont (n)	[kont]
número (m) da conta	numărul (n) contului	['numərul 'kontuluj]
conta (f) corrente	cont (n) curent	[kont ku'rent]
conta (f) poupança	cont (n) de acumulare	[kont de akumu'lare]
abrir uma conta	a deschide un cont	[a des'kide un kont]
fechar uma conta	a închide contul	[a i'nkide 'kontul]
depositar na conta	a pune în cont	[a 'pune in 'kont]
levantar (vt)	a extrage din cont	[a eks'tradʒe din kont]
depósito (m)	depozit (n)	[de'pozit]
fazer um depósito	a depune	[a de'pune]
transferência (f) bancária	transfer (n)	[trans'fer]
transferir (vt)	a transfera	[a transfe'ra]
soma (f)	sumă (f)	['sumə]
Quanto?	Cât?	[kit]
assinatura (f)	semnătură (f)	[semnə'turə]
assinar (vt)	a semna	[a sem'na]
cartão (m) de crédito	carte (f) de credit	['karte de 'kredit]
código (m)	cod (n)	[kod]
número (m) do cartão de crédito	numărul (n) cărţii de credit	['numərul kərtsij de 'kredit]
Caixa Multibanco (m)	bancomat (n)	[banko'mat]
cheque (m)	cec (n)	[tʃek]
passar um cheque	a scrie un cec	[a 'skrie un tʃek]
livro (m) de cheques	carte (f) de cecuri	['karte de 'tʃekur']
empréstimo (m)	credit (n)	['kredit]
pedir um empréstimo	a solicita un credit	[a solitʃi'ta pe 'kredit]
obter um empréstimo	a lua pe credit	[a lu'a pe 'kredit]
conceder um empréstimo	a acorda credit	[a akor'da 'kredit]
garantia (f)	garanţie (f)	[garan'tsie]

98. Telefone. Conversação telefónica

telefone (m)	telefon (n)	[tele'fon]
telemóvel (m)	telefon (n) mobil	[tele'fon mo'bil]
secretária (f) electrónica	răspuns (n) automat	[rəs'puns auto'mat]
fazer uma chamada	a suna, a telefona	[a su'na], [a tele'fona]
chamada (f)	apel (n), convorbire (f)	[a'pel], [konvor'bire]
marcar um número	a forma un număr	[a for'ma un 'numər]
Alô!	Alo!	[a'lo]
perguntar (vt)	a întreba	[a intre'ba]
responder (vt)	a răspunde	[a rəs'punde]
ouvir (vt)	a auzi	[a au'zi]
bem	bine	['bine]
mal	rău	['rəu]
ruído (m)	bruiaj (n)	[bru'jaʒ]
auscultador (m)	receptor (n)	[retʃep'tor]
pegar o telefone	a lua receptorul	[a lu'a retʃep'torul]
desligar (vi)	a pune receptorul	[a 'pune retʃep'torul]
ocupado	ocupat	[oku'pat]
tocar (vi)	a suna	[a su'na]
lista (f) telefónica	carte (f) de telefon	['karte de tele'fon]
local	local	[lo'kal]
chamada (f) local	apel (n) local	[a'pel lo'kal]
de longa distância	interurban	[interur'ban]
chamada (f) de longa distância	apel (n) interurban	[a'pel interur'ban]
internacional	internaţional	[internatsio'nal]
chamada (f) internacional	apel (n) interna ional	[a'pel internatsio'nal]

99. Telefone móvel

telemóvel (m)	telefon (n) mobil	[tele'fon mo'bil]
ecrã (m)	ecran (n)	[e'kran]
botão (m)	buton (n)	[bu'ton]
cartão SIM (m)	cartelă (f) SIM	[kar'telə 'sim]
bateria (f)	baterie (f)	[bate'rie]
descarregar-se	a se descărca	[a se deskər'ka]
carregador (m)	încărcător (m)	[inkərkə'tor]
menu (m)	meniu (n)	[me'nju]
definições (f pl)	setări (f)	[se'tər']
melodia (f)	melodie (f)	[melo'die]
escolher (vt)	a selecta	[a selek'ta]
calculadora (f)	calculator (n)	[kalkula'tor]
correio (m) de voz	răspuns (n) automat	[rəs'puns auto'mat]

despertador (m)	ceas (n) deşteptător	[tʃas deʃteptə'tor]
contatos (m pl)	carte (f) de telefoane	['karte de telefo'ane]

mensagem (f) de texto	SMS (n)	[ese'mes]
assinante (m)	abonat (m)	[abo'nat]

100. Estacionário

caneta (f)	stilou (n)	[sti'lou]
caneta (f) tinteiro	condei (n)	[kon'dej]

lápis (m)	creion (n)	[kre'jon]
marcador (m)	marcher (n)	['marker]
caneta (f) de feltro	cariocă (f)	[kari'okə]

bloco (m) de notas	carneţel (n)	[karnə'tsəl]
agenda (f)	agendă (f)	[a'dʒendə]

régua (f)	riglă (f)	['riglə]
calculadora (f)	calculator (f)	[kalkula'tor]
borracha (f)	radieră (f)	[radi'erə]
pionés (m)	piuneză (f)	[pju'nezə]
clipe (m)	clamă (f)	['klamə]

cola (f)	lipici (n)	[li'pitʃi]
agrafador (m)	capsator (n)	[kapsa'tor]
furador (m)	perforator (n)	[perfo'rator]
afia-lápis (m)	ascuţitoare (f)	[askutsito'are]

Emprego. Negócios. Parte 2

101. Media

jornal (m)	ziar (n)	[zjar]
revista (f)	revistă (f)	[re'vistə]
imprensa (f)	presă (f)	['presə]
rádio (m)	radio (n)	['radio]
estação (f) de rádio	post (n) de radio	[post de 'radio]
televisão (f)	televiziune (f)	[televizi'une]

apresentador (m)	prezentator (m)	[prezenta'tor]
locutor (m)	prezentator (m)	[prezenta'tor]
comentador (m)	comentator (m)	[komenta'tor]

jornalista (m)	jurnalist (m)	[ʒurna'list]
correspondente (m)	corespondent (m)	[korespon'dent]
repórter (m) fotográfico	foto-reporter (m)	['foto re'porter]
repórter (m)	reporter (m)	[re'porter]

| redator (m) | redactor (m) | [re'daktor] |
| redator-chefe (m) | redactor-şef (m) | [re'daktor 'ʃef] |

assinar a ...	a se abona	[a se abo'na]
assinatura (f)	abonare (f)	[abo'nare]
assinante (m)	abonat (m)	[abo'nat]
ler (vt)	a citi	[a tʃi'ti]
leitor (m)	cititor (m)	[tʃiti'tor]

tiragem (f)	tiraj (n)	[ti'raʒ]
mensal	lunar	[lu'nar]
semanal	săptămânal	[səptəmi'nal]
número (jornal, revista)	număr (n)	['numər]
recente	nou	['nou]

manchete (f)	titlu (n)	['titlu]
pequeno artigo (m)	notă (f)	['notə]
coluna (~ semanal)	rubrică (f)	['rubrikə]
artigo (m)	articol (n)	[ar'tikol]
página (f)	pagină (f)	['padʒinə]

reportagem (f)	reportaj (n)	[repor'taʒ]
evento (m)	eveniment (n)	[eveni'ment]
sensação (f)	senzaţie (f)	[sen'zatsie]
escândalo (m)	scandal (n)	[skan'dal]
escandaloso	scandalos	[skanda'los]
grande	zgomotos	[zgomo'tos]

| programa (m) de TV | emisiune (f) | [emisi'une] |
| entrevista (f) | interviu (n) | [inter'vju] |

| transmissão (f) em direto | în direct (m) | [in di'rekt] |
| canal (m) | post (n) | [post] |

102. Agricultura

agricultura (f)	agricultură (f)	[agrikul'turə]
camponês (m)	ţăran (m)	[tsə'ran]
camponesa (f)	ţărancă (f)	[tsə'rankə]
agricultor (m)	fermier (m)	[fer'mjer]

| trator (m) | tractor (n) | [trak'tor] |
| ceifeira-debulhadora (f) | combină (f) | [kom'binə] |

arado (m)	plug (n)	[plug]
arar (vt)	a ara	[a a'ra]
campo (m) lavrado	ogor (n)	[o'gor]
rego (m)	brazdă (f)	['brazdə]

semear (vt)	a semăna	[a semə'na]
semeadora (f)	semănătoare (f)	[semənəto'are]
semeadura (f)	semănare (f)	[semə'nare]

| gadanha (f) | coasă (f) | [ko'asə] |
| gadanhar (vt) | a cosi | [a ko'si] |

| pá (f) | hârleţ (n) | [hir'lets] |
| cavar (vt) | a săpa | [a sə'pa] |

enxada (f)	sapă (f)	['sapə]
carpir (vt)	a plivi	[a pli'vi]
erva (f) daninha	buruiană (f)	[buru'janə]

regador (m)	stropitoare (f)	[stropito'are]
regar (vt)	a uda	[a u'da]
rega (f)	irigare (f)	[iri'gare]

| forquilha (f) | furcă (f) | ['furkə] |
| ancinho (m) | greblă (f) | ['greblə] |

fertilizante (m)	îngrăşământ (n)	[ingrəʃə'mint]
fertilizar (vt)	a îngrăşa	[a ingrə'ʃa]
estrume (m)	gunoi (n) de grajd	[gu'noj de graʒd]

campo (m)	câmp (n)	[kimp]
prado (m)	luncă (f)	['lunkə]
horta (f)	grădină (f) de zarzavat	[grə'dinə de zarza'vat]
pomar (m)	grădină (f)	[grə'dinə]

pastar (vt)	a paşte	[a 'paʃte]
pastor (m)	păstor (m)	[pəs'tor]
pastagem (f)	păşune (f)	[pə'ʃune]

| pecuária (f) | zootehnie (f) | [zooteh'nie] |
| criação (f) de ovelhas | ovicultură (f) | [ovikul'turə] |

plantação (f)	plantație (f)	[plan'tatsie]
canteiro (m)	strat (n)	[strat]
invernadouro (m)	răsadniță (f)	[rə'sadnitsə]

| seca (f) | secetă (f) | ['setʃetə] |
| seco (verão ~) | secetos | [setʃe'tos] |

| cereais (m pl) | cereale (f pl) | [tʃere'ale] |
| colher (vt) | a strânge | [a 'strindʒe] |

moleiro (m)	morar (m)	[mo'rar]
moinho (m)	moară (f)	[mo'arə]
moer (vt)	a măcina grăunțe	[a mətʃi'na grə'untse]
farinha (f)	făină (f)	[fə'inə]
palha (f)	paie (n pl)	['pae]

103. Construção. Processo de construção

canteiro (m) de obras	șantier (n)	[ʃan'tjer]
construir (vt)	a construi	[a konstru'i]
construtor (m)	constructor (m)	[kon'struktor]

projeto (m)	proiect (n)	[pro'ekt]
arquiteto (m)	arhitect (m)	[arhi'tekt]
operário (m)	muncitor (m)	[muntʃi'tor]

fundação (f)	fundament (n)	[funda'ment]
telhado (m)	acoperiș (n)	[akope'riʃ]
estaca (f)	pilon (m)	[pi'lon]
parede (f)	perete (m)	[pe'rete]

| varões (m pl) para betão | armătură (f) | [armə'turə] |
| andaime (m) | schele (f) | ['skele] |

betão (m)	beton (n)	[be'ton]
granito (m)	granit (n)	[gra'nit]
pedra (f)	piatră (f)	['pjatrə]
tijolo (m)	cărămidă (f)	[kərə'midə]

areia (f)	nisip (n)	[ni'sip]
cimento (m)	ciment (n)	[tʃi'ment]
emboço (m)	tencuială (f)	[tenku'jalə]
emboçar (vt)	a tencui	[a tenku'i]

tinta (f)	vopsea (f)	[vop'sʲa]
pintar (vt)	a vopsi	[a vop'si]
barril (m)	butoi (n)	[bu'toj]

grua (f), guindaste (m)	macara (f)	[maka'ra]
erguer (vt)	a ridica	[a ridi'ka]
baixar (vt)	a coborî	[a kobo'ri]

| buldózer (m) | buldozer (n) | [bul'dozer] |
| escavadora (f) | excavator (n) | [ekskava'tor] |

caçamba (f)	căuş (n)	[kə'uʃ]
escavar (vt)	a săpa	[a sə'pa]
capacete (m) de proteção	cască (f)	['kaskə]

Profissões e ocupações

104. Procura de emprego. Demissão

trabalho (m)	serviciu (n)	[ser'vitʃiu]
equipa (f)	cadre (n pl)	['kadre]
carreira (f)	carieră (f)	[ka'rjerə]
perspetivas (f pl)	perspectivă (f)	[perspek'tivə]
mestria (f)	îndemânare (f)	[indemi'nare]
seleção (f)	alegere (f)	[a'ledʒere]
agência (f) de emprego	agenţie (f) de cadre	[adʒen'tsie de 'kadre]
CV, currículo (m)	CV (n)	[si'vi]
entrevista (f) de emprego	interviu (n)	[inter'vju]
vaga (f)	post (n) vacant	['post va'kant]
salário (m)	salariu (n)	[sa'larju]
salário (m) fixo	salariu (n)	[sa'larju]
pagamento (m)	plată (f)	['platə]
posto (m)	funcţie (f)	['funktsie]
dever (do empregado)	obligaţie (f)	[obli'gatsie]
gama (f) de deveres	domeniu (n)	[do'menju]
ocupado	ocupat	[oku'pat]
despedir, demitir (vt)	a concedia	[a kontʃedi'a]
demissão (f)	concediere (f)	[kontʃe'djere]
desemprego (m)	şomaj (n)	[ʃo'maʒ]
desempregado (m)	şomer (m)	[ʃo'mer]
reforma (f)	pensie (f)	['pensie]
reformar-se	a se pensiona	[a se pensio'na]

105. Gente de negócios

diretor (m)	director (m)	[di'rektor]
gerente (m)	administrator (m)	[adminis'trator]
patrão, chefe (m)	conducător (m)	[kondukə'tor]
superior (m)	şef (m)	[ʃef]
superiores (m pl)	conducere (f)	[kon'dutʃere]
presidente (m)	preşedinte (m)	[preʃə'dinte]
presidente (m) de direção	preşedinte (m)	[preʃə'dinte]
substituto (m)	adjunct (m)	[a'dʒunkt]
assistente (m)	asistent (m)	[asis'tent]
secretário (m)	secretar (m)	[sekre'tar]

secretário (m) pessoal	secretar (m) personal	[sekre'tar perso'nal]
homem (m) de negócios	om (m) de afaceri	[om de a'fatʃerⁱ]
empresário (m)	întreprinzător (m)	[intreprinze'tor]
fundador (m)	fondator (m)	[fonda'tor]
fundar (vt)	a fonda	[a fon'da]
fundador, sócio (m)	fondator (m)	[fonda'tor]
parceiro, sócio (m)	partener (m)	[parte'ner]
acionista (m)	acționar (m)	[aktsio'nar]
milionário (m)	milionar (m)	[milio'nar]
bilionário (m)	miliardar (n)	[miliar'dar]
proprietário (m)	proprietar (m)	[proprie'tar]
proprietário (m) de terras	proprietar (m) funciar	[proprie'tar funtʃi'ar]
cliente (m)	client (m)	[kli'ent]
cliente (m) habitual	client (m) fidel	[kli'ent fi'del]
comprador (m)	cumpărător (m)	[kumpərə'tor]
visitante (m)	vizitator (m)	[vizita'tor]
profissional (m)	profesionist (m)	[profesio'nist]
perito (m)	expert (m)	[eks'pert]
especialista (m)	specialist (m)	[spetʃia'list]
banqueiro (m)	bancher (m)	[ban'ker]
corretor (m)	broker (m)	['broker]
caixa (m, f)	casier (m)	[ka'sjer]
contabilista (m)	contabil (f)	[kon'tabil]
guarda (m)	paznic (m)	['paznik]
investidor (m)	investitor (m)	[investi'tor]
devedor (m)	datornic (m)	[da'tornik]
credor (m)	creditor (m)	[kredi'tor]
mutuário (m)	datornic (m)	[da'tornik]
importador (m)	importator (m)	[importa'tor]
exportador (m)	exportator (m)	[eksporta'tor]
produtor (m)	producător (m)	[produkə'tor]
distribuidor (m)	distribuitor (m)	[distribui'tor]
intermediário (m)	intermediar (m)	[intermedi'ar]
consultor (m)	consultant (m)	[konsul'tant]
representante (m)	reprezentant (m)	[reprezen'tant]
agente (m)	agent (m)	[a'dʒent]
agente (m) de seguros	agent (m) de asigurare	[a'dʒent de asigu'rare]

106. Profissões de serviços

cozinheiro (m)	bucătar (m)	[bukə'tar]
cozinheiro chefe (m)	bucătar-șef (m)	[bukə'tar 'ʃəf]
padeiro (m)	brutar (m)	[bru'tar]
barman (m)	barman (m)	['barman]

| empregado (m) de mesa | chelner (m) | ['kelner] |
| empregada (f) de mesa | chelneriţă (f) | [kelne'ritsə] |

advogado (m)	avocat (m)	[avo'kat]
jurista (m)	jurist (m)	[ʒu'rist]
notário (m)	notar (m)	[no'tar]

eletricista (m)	electrician (m)	[elektritʃi'an]
canalizador (m)	instalator (m)	[instala'tor]
carpinteiro (m)	dulgher (m)	[dul'ger]

massagista (m)	masor (m)	[ma'sor]
massagista (f)	masează (f)	[ma'sezə]
médico (m)	medic (m)	['medik]

taxista (m)	taximetrist (m)	[taksime'trist]
condutor (automobilista)	şofer (m)	[ʃo'fer]
entregador (m)	curier (m)	[ku'rjer]

camareira (f)	femeie (f) de serviciu	[fe'mee de ser'vitʃiu]
guarda (m)	paznic (m)	['paznik]
hospedeira (f) de bordo	stewardesă (f)	[stjuar'desə]

professor (m)	profesor (m)	[pro'fesor]
bibliotecário (m)	bibliotecar (m)	[bibliote'kar]
tradutor (m)	traducător (m)	[traduke'tor]
intérprete (m)	interpret (m)	[inter'pret]
guia (pessoa)	ghid (m)	[gid]

cabeleireiro (m)	frizer (m)	[fri'zer]
carteiro (m)	poştaş (m)	[poʃ'taʃ]
vendedor (m)	vânzător (m)	[vɪnze'tor]

jardineiro (m)	grădinar (m)	[grədi'nar]
criado (m)	servitor (m)	[servi'tor]
criada (f)	servitoare (f)	[servito'are]
empregada (f) de limpeza	femeie (f) de serviciu	[fe'mee de ser'vitʃiu]

107. Profissões militares e postos

soldado (m) raso	soldat (m)	[sol'dat]
sargento (m)	sergent (m)	[ser'dʒent]
tenente (m)	locotenent (m)	[lokote'nent]
capitão (m)	căpitan (m)	[kəpi'tan]

major (m)	maior (m)	[ma'jor]
coronel (m)	colonel (m)	[kolo'nel]
general (m)	general (m)	[dʒene'ral]
marechal (m)	mareşal (m)	[mare'ʃal]
almirante (m)	amiral (m)	[ami'ral]

militar (m)	militar (m)	[mili'tar]
soldado (m)	soldat (m)	[sol'dat]
oficial (m)	ofiţer (m)	[ofi'tser]

comandante (m)	comandant (m)	[koman'dant]
guarda (m) fronteiriço	grănicer (m)	[grəni'tʃer]
operador (m) de rádio	radist (m)	[ra'dist]
explorador (m)	cercetaş (m)	[tʃertʃe'taʃ]
sapador (m)	genist (m)	[dʒe'nist]
atirador (m)	trăgător (m)	[trəgə'tor]
navegador (m)	navigator (m)	[naviga'tor]

108. Oficiais. Padres

| rei (m) | rege (m) | ['redʒe] |
| rainha (f) | regină (f) | [re'dʒinə] |

| príncipe (m) | prinţ (m) | [prints] |
| princesa (f) | prinţesă (f) | [prin'tsesə] |

| czar (m) | ţar (m) | [tsar] |
| czarina (f) | ţarină (f) | [tsa'rinə] |

presidente (m)	preşedinte (m)	[preʃe'dinte]
ministro (m)	ministru (m)	[mi'nistru]
primeiro-ministro (m)	prim-ministru (m)	['prim mi'nistru]
senador (m)	senator (m)	[sena'tor]

diplomata (m)	diplomat (m)	[diplo'mat]
cônsul (m)	consul (m)	['konsul]
embaixador (m)	ambasador (m)	[ambasa'dor]
conselheiro (m)	consilier (m)	[konsi'ljer]

funcionário (m)	funcţionar (m)	[funktsio'nar]
prefeito (m)	prefect (m)	[pre'fekt]
Presidente (m) da Câmara	primar (m)	[pri'mar]

| juiz (m) | judecător (m) | [ʒudekə'tor] |
| procurador (m) | procuror (m) | [proku'ror] |

missionário (m)	misionar (m)	[misio'nar]
monge (m)	călugăr (m)	[kə'lugər]
abade (m)	abate (m)	[a'bate]
rabino (m)	rabin (m)	[ra'bin]

vizir (m)	vizir (m)	[vi'zir]
xá (m)	şah (m)	[ʃah]
xeque (m)	şeic (m)	['ʃejk]

109. Profissões agrícolas

apicultor (m)	apicultor (m)	[apikul'tor]
pastor (m)	păstor (m)	[pəs'tor]
agrónomo (m)	agronom (m)	[agro'nom]
criador (m) de gado	zootehnician (m)	[zootehnitʃi'an]
veterinário (m)	veterinar (m)	[veteri'nar]

agricultor (m)	fermier (m)	[fer'mjer]
vinicultor (m)	vinificator (m)	[vinifika'tor]
zoólogo (m)	zoolog (m)	[zoo'log]
cowboy (m)	cowboy (m)	['kauboj]

110. Profissões artísticas

ator (m)	actor (m)	[ak'tor]
atriz (f)	actriță (f)	[ak'tritsə]
cantor (m)	cântăreț (m)	[kintə'rets]
cantora (f)	cântăreață (f)	[kintə'rʲatsə]
bailarino (m)	dansator (m)	[dansa'tor]
bailarina (f)	dansatoare (f)	[dansato'are]
artista (m)	artist (m)	[ar'tist]
artista (f)	artistă (f)	[ar'tistə]
músico (m)	muzician (m)	[muzitʃi'an]
pianista (m)	pianist (m)	[pia'nist]
guitarrista (m)	chitarist (m)	[kita'rist]
maestro (m)	dirijor (m)	[diri'ʒor]
compositor (m)	compozitor (m)	[kompo'zitor]
empresário (m)	impresar (m)	[impre'sar]
realizador (m)	regizor (m)	[re'dʒizor]
produtor (m)	producător (m)	[produkə'tor]
argumentista (m)	scenarist (m)	[stʃena'rist]
crítico (m)	critic (m)	['kritik]
escritor (m)	scriitor (m)	[skrii'tor]
poeta (m)	poet (m)	[po'et]
escultor (m)	sculptor (m)	['skulptor]
pintor (m)	pictor (m)	['piktor]
malabarista (m)	jongler (m)	[ʒon'gler]
palhaço (m)	clovn (m)	[klovn]
acrobata (m)	acrobat (m)	[akro'bat]
mágico (m)	magician (m)	[madʒitʃi'an]

111. Várias profissões

médico (m)	medic (m)	['medik]
enfermeira (f)	asistentă (f) medicală	[asis'tentə medi'kalə]
psiquiatra (m)	psihiatru (m)	[psihi'atru]
estomatologista (m)	stomatolog (m)	[stomato'log]
cirurgião (m)	chirurg (m)	[ki'rurg]
astronauta (m)	astronaut (m)	[astrona'ut]
astrónomo (m)	astronom (m)	[astro'nom]

piloto (m)	pilot (m)	[pi'lot]
motorista (m)	şofer (m)	[ʃo'fer]
maquinista (m)	maşinist (m)	[maʃi'nist]
mecânico (m)	mecanic (m)	[me'kanik]

mineiro (m)	miner (m)	[mi'ner]
operário (m)	muncitor (m)	[muntʃi'tor]
serralheiro (m)	lăcătuş (m)	[ləkə'tuʃ]
marceneiro (m)	tâmplar (m)	[tim'plar]
torneiro (m)	strungar (m)	[strun'gar]
construtor (m)	constructor (m)	[kon'struktor]
soldador (m)	sudor (m)	[su'dor]

professor (m) catedrático	profesor (m)	[pro'fesor]
arquiteto (m)	arhitect (m)	[arhi'tekt]
historiador (m)	istoric (m)	[is'torik]
cientista (m)	savant (m)	[sa'vant]
físico (m)	fizician (m)	[fizitʃi'an]
químico (m)	chimist (m)	[ki'mist]

arqueólogo (m)	arheolog (m)	[arheo'log]
geólogo (m)	geolog (m)	[dʒeo'log]
pesquisador (cientista)	cercetător (m)	[tʃertʃetə'tor]

| babysitter (f) | dădacă (f) | [də'dakə] |
| professor (m) | pedagog (m) | [peda'gog] |

redator (m)	redactor (m)	[re'daktor]
redator-chefe (m)	redactor-şef (m)	[re'daktor 'ʃef]
correspondente (m)	corespondent (m)	[korespon'dent]
datilógrafa (f)	dactilografă (f)	[daktilo'grafə]

designer (m)	designer (m)	[di'zajner]
especialista (m) em informática	operator (m)	[opera'tor]
programador (m)	programator (m)	[programa'tor]
engenheiro (m)	inginer (m)	[indʒi'ner]

marujo (m)	marinar (m)	[mari'nar]
marinheiro (m)	marinar (m)	[mari'nar]
salvador (m)	salvator (m)	[salva'tor]

bombeiro (m)	pompier (m)	[pom'pjer]
polícia (m)	poliţist (m)	[poli'tsist]
guarda-noturno (m)	paznic (m)	['paznik]
detetive (m)	detectiv (m)	[detek'tiv]

funcionário (m) da alfândega	vameş (m)	['vameʃ]
guarda-costas (m)	gardă (f) de corp	['gardə de 'korp]
guarda (m) prisional	supraveghetor (m)	[supravege'tor]
inspetor (m)	inspector (m)	[in'spektor]

desportista (m)	sportiv (m)	[spor'tiv]
treinador (m)	antrenor (m)	[antre'nor]
talhante (m)	măcelar (m)	[mətʃe'lar]
sapateiro (m)	cizmar (m)	[tʃiz'mar]

| comerciante (m) | comerciant (m) | [komertʃi'ant] |
| carregador (m) | hamal (m) | [ha'mal] |

| estilista (m) | modelier (n) | [mode'ljer] |
| modelo (f) | model (n) | [mo'del] |

112. Ocupações. Estatuto social

| aluno, escolar (m) | elev (m) | [e'lev] |
| estudante (~ universitária) | student (m) | [stu'dent] |

filósofo (m)	filozof (m)	[filo'zof]
economista (m)	economist (m)	[ekono'mist]
inventor (m)	inventator (m)	[inventa'tor]

desempregado (m)	şomer (m)	[ʃo'mer]
reformado (m)	pensionar (m)	[pensio'nar]
espião (m)	spion (m)	[spi'on]

preso (m)	arestat (m)	[ares'tat]
grevista (m)	grevist (m)	[gre'vist]
burocrata (m)	birocrat (m)	[biro'krat]
viajante (m)	călător (m)	[kələ'tor]

| homossexual (m) | homosexual (m) | [homoseksu'al] |
| hacker (m) | hacker (m) | ['haker] |

bandido (m)	bandit (m)	[ban'dit]
assassino (m) a soldo	asasin (m) plătit	[asa'sin plə'tit]
toxicodependente (m)	narcoman (m)	[narko'man]
traficante (m)	vânzător (m) de droguri	[vinzə'tor de 'drogurʲ]
prostituta (f)	prostituată (f)	[prostitu'atə]
chulo (m)	proxenet (m)	[prokse'net]

bruxo (m)	vrăjitor (m)	[vrəʒi'tor]
bruxa (f)	vrăjitoare (f)	[vrəʒito'are]
pirata (m)	pirat (m)	[pi'rat]
escravo (m)	rob (m)	[rob]
samurai (m)	samurai (m)	[samu'raj]
selvagem (m)	sălbatic (m)	[səl'batik]

Desportos

113. Tipos de desportos. Desportistas

desportista (m)	sportiv (m)	[spor'tiv]
tipo (m) de desporto	gen (n) de sport	['dʒen de 'sport]
basquetebol (m)	baschet (n)	['basket]
jogador (m) de basquetebol	baschetbalist (m)	[basketba'list]
beisebol (m)	base-ball (n)	['bejsbol]
jogador (m) de beisebol	jucător (m) de base-ball	[ʒukə'tor de 'bejsbol]
futebol (m)	fotbal (n)	['fotbal]
futebolista (m)	fotbalist (m)	[fotba'list]
guarda-redes (m)	portar (m)	[por'tar]
hóquei (m)	hochei (n)	['hokej]
jogador (m) de hóquei	hocheist (m)	[hoke'ist]
voleibol (m)	volei (n)	['volej]
jogador (m) de voleibol	voleibalist (m)	[volejba'list]
boxe (m)	box (n)	[boks]
boxeador, pugilista (m)	boxer (m)	[bok'ser]
luta (f)	luptă (f)	['luptə]
lutador (m)	luptător (m)	[luptə'tor]
karaté (m)	carate (n)	[ka'rate]
karateca (m)	karatist (m)	[kara'tist]
judo (m)	judo (n)	['dʒudo]
judoca (m)	judocan (m)	[dʒudo'kan]
ténis (m)	tenis (n)	['tenis]
tenista (m)	tenisman (m)	[tenis'man]
natação (f)	înot (n)	[i'not]
nadador (m)	înotător (m)	[inotə'tor]
esgrima (f)	scrimă (f)	['skrimə]
esgrimista (m)	jucător (m) de scrimă	[ʒukə'tor de 'skrimə]
xadrez (m)	şah (n)	[ʃah]
xadrezista (m)	şahist (m)	[ʃa'hist]
alpinismo (m)	alpinism (n)	[alpi'nizm]
alpinista (m)	alpinist (m)	[alpi'nist]
corrida (f)	alergare (f)	[aler'gare]

corredor (m)	alergător (m)	[alergǝ'tor]
atletismo (m)	atletism (n)	[atle'tizm]
atleta (m)	atlet (m)	[at'let]

| hipismo (m) | hipism (n) | [hi'pism] |
| cavaleiro (m) | călăreț (m) | [kǝlǝ'reʦ] |

patinagem (f) artística	patinaj (n) artistic	[pati'naʒ ar'tistik]
patinador (m)	patinator (m) artistic	[patina'tor ar'tistik]
patinadora (f)	patinatore (f) artistică	[patinato'are ar'tistikǝ]

| halterofilismo (m) | atletică (f) grea | [at'letikǝ grʲa] |
| halterofilista (m) | halterofil (m) | [haltero'fil] |

| corrida (f) de carros | raliu (n) | [ra'liu] |
| piloto (m) | pilot (m) de curse | [pi'lot de 'kurse] |

| ciclismo (m) | ciclism (n) | [ʧi'klizm] |
| ciclista (m) | ciclist (m) | [ʧi'klist] |

salto (m) em comprimento	sărituri (f pl) în lungime	[sǝri'turʲ in lun'dʒime]
salto (m) à vara	săritură (f) cu prăjina	[sǝri'turǝ ku prǝ'ʒina]
atleta (m) de saltos	săritor (m)	[sǝri'tor]

114. Tipos de desportos. Diversos

futebol (m) americano	fotbal (n) american	['fotbal ameri'kan]
badminton (m)	badminton (n)	[bedmin'ton]
biatlo (m)	biatlon (n)	[biat'lon]
bilhar (m)	biliard (n)	[bi'ljard]

bobsled (m)	bob (n)	[bob]
musculação (f)	culturism (n)	[kultu'rism]
polo (m) aquático	polo (n) pe apă	['polo pe 'apǝ]
andebol (m)	handbal (n)	['handbal]
golfe (m)	golf (n)	[golf]

remo (m)	canotaj (n)	[kano'taʒ]
mergulho (m)	scufundare (f)	[skufun'dare]
corrida (f) de esqui	concurs (n) de schi	[ko'nkurs de 'ski]
ténis (m) de mesa	tenis (n) de masă	['tenis de 'masǝ]

vela (f)	iahting (n)	['jahting]
rali (m)	raliu (n)	[ra'liu]
râguebi (m)	rugby (n)	['regbi]
snowboard (m)	snowboard (n)	[snou'bord]
tiro (m) com arco	tragere (f) cu arcul	['tradʒere 'ku 'arkul]

115. Ginásio

| barra (f) | halteră (f) | [hal'terǝ] |
| halteres (m pl) | haltere (f pl) | ['haltere] |

aparelho (m) de musculaçao	dispozitiv (n) pentru antrenament	[dispozi'tiv 'pentru antrena'ment]
bicicleta (f) ergométrica	bicicletă (f)	[bitʃi'kletə]
passadeira (f) de corrida	pistă (f) de alergare	['pistə de aler'gare]

barra (f) fixa	bară (f)	['barə]
barras (f) paralelas	bare (f pl)	['bare]
cavalo (m)	cal (m) de gimnastică	['kal de dʒim'nastikə]
tapete (m) de ginástica	saltea (f)	[sal'tʲa]

aeróbica (f)	aerobică (f)	[ae'robikə]
ioga (f)	yoga (f)	['joga]

116. Desportos. Diversos

Jogos (m pl) Olímpicos	Jocuri (n pl) Olimpice	['ʒokurʲ o'limpitʃe]
vencedor (m)	învingător (m)	[invingə'tor]
vencer (vi)	a învinge	[a in'vindʒe]
vencer, ganhar (vi)	a câştiga	[a kiʃti'ga]

líder (m)	lider (m)	['lider]
liderar (vt)	a fi în fruntea	[a fi in 'fruntʲa]

primeiro lugar (m)	primul loc (n)	['primul lok]
segundo lugar (m)	al doilea loc (n)	[al 'dojlʲa lok]
terceiro lugar (m)	al treilea loc (n)	[al 'trejlʲa lok]

medalha (f)	medalie (f)	[me'dalie]
troféu (m)	trofeu (n)	[tro'feu]
taça (f)	cupă (f)	['kupə]
prémio (m)	premiu (n)	['premju]
prémio (m) principal	premiul (n) principal	['premjul printʃi'pal]

recorde (m)	record (n)	[re'kord]
estabelecer um recorde	a bate recordul	[a 'bate re'kordul]

final (m)	finală (f)	[fi'nalə]
final	final	[fi'nal]

campeão (m)	campion (m)	[kampi'on]
campeonato (m)	campionat (n)	[kampio'nat]

estádio (m)	stadion (n)	[stadi'on]
bancadas (f pl)	tribună (f)	[tri'bunə]
fã, adepto (m)	suporter (m)	[su'porter]
adversário (m)	adversar (m)	[adver'sar]

partida (f)	start (n)	[start]
chegada, meta (f)	finiş (n)	['finiʃ]

derrota (f)	înfrângere (f)	[in'frindʒere]
perder (vt)	a pierde	[a 'pjerde]
árbitro (m)	arbitru (m)	[ar'bitru]
júri (m)	juriu (n)	['ʒurju]

resultado (m)	scor (n)	[skor]
empate (m)	egalitate (f)	[egali'tate]
empatar (vi)	a juca la egalitate	[a ʒu'ka la egali'tate]
ponto (m)	punct (n)	[punkt]
resultado (m) final	rezultat (n)	[rezul'tat]

intervalo (m)	pauză (f)	['pauzə]
doping (m)	dopaj (n)	[do'paʒ]
penalizar (vt)	a penaliza	[a penali'za]
desqualificar (vt)	a descalifica	[a deskalifi'ka]

aparelho (m)	aparat (n)	[apa'rat]
dardo (m)	suliță (f)	['sulitsə]
peso (m)	greutate (f)	[greu'tate]
bola (f)	bilă (f)	['bilə]

alvo, objetivo (m)	țintă (f)	['tsintə]
alvo (~ de papel)	țintă (f)	['tsintə]
atirar, disparar (vi)	a trage	[a 'tradʒə]
preciso (tiro ~)	exact	[e'gzakt]

treinador (m)	antrenor (m)	[antre'nor]
treinar (vt)	a antrena	[a antre'na]
treinar-se (vr)	a se antrena	[a se antre'na]
treino (m)	antrenament (n)	[antrena'ment]

ginásio (m)	sală (f) de sport	['salə de sport]
exercício (m)	exercițiu (n)	[egzer'tʃitsju]
aquecimento (m)	încălzire (f)	[inkəl'zire]

Educação

117. Escola

escola (f)	şcoală (f)	[ʃko'alə]
diretor (m) de escola	director (m)	[di'rektor]
aluno (m)	elev (m)	[e'lev]
aluna (f)	elevă (f)	[e'levə]
escolar (m)	elev (m)	[e'lev]
escolar (f)	elevă (f)	[e'levə]
ensinar (vt)	a învăţa	[a ɨnvə'tsa]
aprender (vt)	a învăţa	[a ɨnvə'tsa]
aprender de cor	a învăţa pe de rost	[a ɨnvə'tsa pe de rost]
estudar (vi)	a învăţa	[a ɨnvə'tsa]
andar na escola	a merge la şcoală	[a 'merdʒe la ʃko'alə]
ir à escola	a merge la şcoală	[a 'merdʒe la ʃko'alə]
alfabeto (m)	alfabet (n)	[alfa'bet]
disciplina (f)	disciplină (f)	[distʃi'plinə]
sala (f) de aula	clasă (f)	['klasə]
lição (f)	lecţie (f)	['lektsie]
recreio (m)	recreaţie (f)	[rekre'atsie]
toque (m)	sunet (n)	['sunet]
carteira (f)	bancă (f)	['bankə]
quadro (m) negro	tablă (f)	['tablə]
nota (f)	notă (f)	['notə]
boa nota (f)	notă (f) bună	['notə 'bunə]
nota (f) baixa	notă (f) rea	['notə r'a]
dar uma nota	a pune notă	[a 'pune 'notə]
erro (m)	greşeală (f)	[gre'ʃalə]
fazer erros	a greşi	[a gre'ʃi]
corrigir (vt)	a corecta	[a korek'ta]
cábula (f)	fiţuică (f)	[fi'tsujkə]
dever (m) de casa	temă (f) pentru acasă	['temə 'pentru a'kasə]
exercício (m)	exerciţiu (n)	[egzer'tʃitsju]
estar presente	a fi prezent	[a fi pre'zent]
estar ausente	a lipsi	[a lip'si]
punir (vt)	a pedepsi	[a pedep'si]
punição (f)	pedeapsă (f)	[pe'd'apsə]
comportamento (m)	comportament (n)	[komporta'ment]

boletim (m) escolar	agendă (f)	[a'dʒendə]
lápis (m)	creion (n)	[kre'jon]
borracha (f)	radieră (f)	[radi'erə]
giz (m)	cretă (f)	['kretə]
estojo (m)	penar (n)	[pe'nar]

pasta (f) escolar	ghiozdan (n)	[goz'dan]
caneta (f)	pix (n)	[piks]
caderno (m)	caiet (n)	[ka'et]
manual (m) escolar	manual (n)	[manu'al]
compasso (m)	compas (n)	[kom'pas]

| traçar (vt) | a schița | [a ski'tsa] |
| desenho (m) técnico | plan (n) | [plan] |

poesia (f)	poezie (f)	[poe'zie]
de cor	pe de rost	[pe de rost]
aprender de cor	a învăța pe de rost	[a invə'tsa pe de rost]

| férias (f pl) | vacanță (f) | [va'kantsə] |
| estar de férias | a fi în vacanță | [a fi in va'kantsə] |

teste (m)	lucrare (f) de control	[lu'krare de kon'trol]
composição, redação (f)	compunere (f)	[kom'punere]
ditado (m)	dictare (f)	[dik'tare]

exame (m)	examen (n)	[e'gzamen]
fazer exame	a da examene	[a da e'gzamene]
experiência (~ química)	experiment (f)	[eksperi'ment]

118. Colégio. Universidade

academia (f)	academie (f)	[akade'mie]
universidade (f)	universitate (f)	[universi'tate]
faculdade (f)	facultate (f)	[fakul'tate]

estudante (m)	student (m)	[stu'dent]
estudante (f)	studentă (f)	[stu'dentə]
professor (m)	profesor (m)	[pro'fesor]

| sala (f) de palestras | aulă (f) | [a'ulə] |
| graduado (m) | absolvent (m) | [absol'vent] |

| diploma (m) | diplomă (f) | ['diplomə] |
| tese (f) | disertație (f) | [diser'tatsie] |

| estudo (obra) | cercetare (f) | [tʃertʃe'tare] |
| laboratório (m) | laborator (n) | [labora'tor] |

| palestra (f) | prelegere (f) | [pre'ledʒere] |
| colega (m) de curso | coleg (m) de an | [ko'leg de an] |

| bolsa (f) de estudos | bursă (f) | ['bursə] |
| grau (m) académico | titlu (n) științific | ['titlu ʃtiin'tsifik] |

119. Ciências. Disciplinas

matemática (f)	matematică (f)	[mate'matikə]
álgebra (f)	algebră (f)	[al'dʒebrə]
geometria (f)	geometrie (f)	[dʒeome'trie]
astronomia (f)	astronomie (f)	[astrono'mie]
biologia (f)	biologie (f)	[biolo'dʒie]
geografia (f)	geografie (f)	[dʒeogra'fie]
geologia (f)	geologie (f)	[dʒeolo'dʒie]
história (f)	istorie (f)	[is'torie]
medicina (f)	medicină (f)	[medi'tʃinə]
pedagogia (f)	pedagogie (f)	[pedago'dʒie]
direito (m)	drept (n)	[drept]
física (f)	fizică (f)	['fizikə]
química (f)	chimie (f)	[ki'mie]
filosofia (f)	filozofie (f)	[filozo'fie]
psicologia (f)	psihologie (f)	[psiholo'dʒie]

120. Sistema de escrita. Ortografia

gramática (f)	gramatică (f)	[gra'matikə]
vocabulário (m)	lexic (n)	['leksik]
fonética (f)	fonetică (f)	[fo'netikə]
substantivo (m)	substantiv (n)	[substan'tiv]
adjetivo (m)	adjectiv (n)	[adʒek'tiv]
verbo (m)	verb (n)	[verb]
advérbio (m)	adverb (n)	[ad'verb]
pronome (m)	pronume (n)	[pro'nume]
interjeição (f)	interjecție (f)	[inter'ʒektsie]
preposição (f)	prepoziție (f)	[prepo'zitsie]
raiz (f) da palavra	rădăcina (f) cuvântului	[rədə'tʃina ku'vintuluj]
terminação (f)	terminație (f)	[termi'natsie]
prefixo (m)	prefix (n)	[pre'fiks]
sílaba (f)	silabă (f)	[si'labə]
sufixo (m)	sufix (n)	[su'fiks]
acento (m)	accent (n)	[ak'tʃent]
apóstrofo (m)	apostrof (n)	[apo'strof]
ponto (m)	punct (n)	[punkt]
vírgula (f)	virgulă (f)	['virgulə]
ponto e vírgula (m)	punct (n) și virgulă	[punkt ʃi 'virgulə]
dois pontos (m pl)	două puncte (n pl)	['dowə 'punkte]
reticências (f pl)	puncte-puncte (n pl)	['punkte 'punkte]
ponto (m) de interrogação	semn (n) de întrebare	[semn de intre'bare]
ponto (m) de exclamação	semn (n) de exclamare	[semn de ekskla'mare]

aspas (f pl)	ghilimele (f pl)	[gili'mele]
entre aspas	în ghilimele	[in gili'mele]
parênteses (m pl)	paranteze (f pl)	[paran'teze]
entre parênteses	în paranteze	[in paran'teze]

hífen (m)	cratimă (f)	['kratimə]
travessão (m)	cratimă (f)	['kratimə]
espaço (m)	spaţiu (n) liber	['spatsju 'liber]

letra (f)	literă (f)	['literə]
letra (f) maiúscula	majusculă (f)	[ma'ʒuskulʲa]

vogal (f)	vocală (f)	[vo'kalə]
consoante (f)	consoană (f)	[konso'anə]

frase (f)	prepoziţie (f)	[prepo'zitsie]
sujeito (m)	subiect (n)	[su'bjekt]
predicado (m)	predicat (n)	[predi'kat]

linha (f)	rând (n)	[rind]
em uma nova linha	alineat	[aline'at]
parágrafo (m)	paragraf (n)	[para'graf]

palavra (f)	cuvânt (n)	[ku'vint]
grupo (m) de palavras	îmbinare (f) de cuvinte	[imbi'nare de ku'vinte]
expressão (f)	expresie (f)	[eks'presie]
sinónimo (m)	sinonim (n)	[sino'nim]
antónimo (m)	antonim (n)	[anto'nim]

regra (f)	regulă (f)	['regulə]
exceção (f)	excepţie (f)	[eks'tʃeptsie]
correto	corect	[ko'rekt]

conjugação (f)	conjugare (f)	[konʒu'gare]
declinação (f)	declinare (f)	[dekli'nare]
caso (m)	caz (n)	[kaz]
pergunta (f)	întrebare (f)	[intre'bare]
sublinhar (vt)	a sublinia	[a sublini'a]
linha (f) pontilhada	linie (f) punctată	['linie punk'tatə]

121. Línguas estrangeiras

língua (f)	limbă (f)	['limbə]
estrangeiro	străin	[strə'in]
estudar (vt)	a studia	[a studi'a]
aprender (vt)	a învăţa	[a invə'tsa]

ler (vt)	a citi	[a tʃi'ti]
falar (vi)	a vorbi	[a vor'bi]
compreender (vt)	a înţelege	[a intse'ledʒe]
escrever (vt)	a scrie	[a 'skrie]

rapidamente	repede	['repede]
devagar	încet	[in'tʃet]

fluentemente	liber	['liber]
regras (f pl)	reguli (f pl)	['regulʲ]
gramática (f)	gramatică (f)	[gra'matikə]
vocabulário (m)	lexic (n)	['leksik]
fonética (f)	fonetică (f)	[fo'netikə]
manual (m) escolar	manual (n)	[manu'al]
dicionário (m)	dicţionar (n)	[diktsio'nar]
manual (m) de autoaprendizagem	manual (n) autodidactic	[manu'al autodi'daktik]
guia (m) de conversação	ghid (n) de conversaţie	[gid de konver'satsie]
cassete (f)	casetă (f)	[ka'setə]
vídeo cassete (m)	casetă (f) video	[ka'setə 'video]
CD (m)	CD (n)	[si'di]
DVD (m)	DVD (n)	[divi'di]
alfabeto (m)	alfabet (n)	[alfa'bet]
soletrar (vt)	a spune pe litere	[a vor'bi pe 'litere]
pronúncia (f)	pronunţie (f)	[pro'nuntsie]
sotaque (m)	accent (n)	[ak'ʧent]
com sotaque	cu accent	['ku ak'ʧent]
sem sotaque	fără accent	['fərə ak'ʧent]
palavra (f)	cuvânt (n)	[ku'vint]
sentido (m)	sens (n)	[sens]
cursos (m pl)	cursuri (n)	['kursurʲ]
inscrever-se (vr)	a se înscrie	[a se in'skrie]
professor (m)	profesor (m)	[pro'fesor]
tradução (processo)	traducere (f)	[tra'duʧere]
tradução (texto)	traducere (f)	[tra'duʧere]
tradutor (m)	traducător (m)	[tradukə'tor]
intérprete (m)	translator (m)	[trans'lator]
poliglota (m)	poliglot (m)	[poli'glot]
memória (f)	memorie (f)	[me'morie]

122. Personagens de contos de fadas

Pai (m) Natal	Santa Claus (m)	['santa 'klaus]
sereia (f)	sirenă (f)	[si'renə]
mago (m)	vrăjitor (m)	[vrəʒi'tor]
fada (f)	vrăjitoare (f)	[vrəʒito'are]
mágico	miraculos	[miraku'los]
varinha (f) mágica	baghetă (f) magică	[ba'getə 'maʤikə]
conto (m) de fadas	poveste (f)	[po'veste]
milagre (m)	minune (f)	[mi'nune]
anão (m)	gnom (m)	[gnom]
transformar-se em ...	a se preface în ...	[a se pre'faʧe in]

fantasma (m)	fantomă (f)	[fan'tomə]
espetro (m)	stafie (f)	[sta'fie]
monstro (m)	monstru (m)	['monstru]
dragão (m)	dragon (m)	[dra'gon]
gigante (m)	uriaş (m)	[uri'aʃ]

123. Signos do Zodíaco

Carneiro	Berbec (m)	[ber'bek]
Touro	Taur (m)	['taur]
Gémeos	Gemeni (m pl)	['dʒemenʲ]
Caranguejo	Rac (m)	[rak]
Leão	Leu (m)	['leu]
Virgem (f)	Fecioară (f)	[fetʃio'arə]

Balança	Balanţă (f)	[ba'lantsə]
Escorpião	Scorpion (m)	[skorpi'on]
Sagitário	Săgetător (m)	[sədʒetə'tor]
Capricórnio	Capricorn (m)	[kapri'korn]
Aquário	Vărsător (m)	[vərsə'tor]
Peixes	Peşti (m pl)	[peʃtʲ]

caráter (m)	caracter (m)	[karak'ter]
traços (m pl) do caráter	trăsături (f pl) de caracter	[trəsə'turʲ de karak'ter]
comportamento (m)	comportament (n)	[komporta'ment]
predizer (vt)	a prezice	[a pre'zitʃe]
adivinha (f)	prezicătoare (f)	[prezikəto'are]
horóscopo (m)	horoscop (n)	[horo'skop]

Artes

124. Teatro

teatro (m)	teatru (n)	[te'atru]
ópera (f)	operă (f)	['operə]
opereta (f)	operetă (f)	[ope'retə]
balé (m)	balet (n)	[ba'let]
cartaz (m)	afiş (n)	[a'fiʃ]
companhia (f) teatral	trupă (f)	['trupə]
turné (digressão)	turneu (n)	[tur'neu]
estar em turné	a juca în turneu	[a ʒu'ka in tur'neu]
ensaiar (vt)	a repeta	[a repe'ta]
ensaio (m)	repetiţie (f)	[repe'tiʦie]
repertório (m)	repertoriu (n)	[reper'torju]
apresentação (f)	reprezentaţie (f)	[rəprəzən'tatje]
espetáculo (m)	spectacol (n)	[spekta'kol]
peça (f)	piesă (f) de teatru	['pjesə de te'atru]
bilhete (m)	bilet (n)	[bi'let]
bilheteira (f)	casă (f) de bilete	['kasə de bi'lete]
hall (m)	hol (n)	[hol]
guarda-roupa (m)	garderobă (f)	[garde'robə]
senha (f) numerada	număr (n)	['numər]
binóculo (m)	binoclu (n)	[bi'noklu]
lanterninha (m)	controlor (m)	[kontro'lor]
plateia (f)	parter (n)	[par'ter]
balcão (m)	balcon (n)	[bal'kon]
primeiro balcão (m)	mezanin (n)	[meza'nin]
camarote (m)	lojă (f)	['loʒə]
fila (f)	rând (n)	[rind]
assento (m)	loc (n)	[lok]
público (m)	public (n)	['publik]
espetador (m)	spectator (m)	[spekta'tor]
aplaudir (vt)	a aplauda	[a aplau'da]
aplausos (m pl)	aplauze (f pl)	[ap'lauze]
ovação (f)	ovaţii (f pl)	[o'vaʦij]
palco (m)	scenă (f)	['stʃenə]
pano (m) de boca	cortină (f)	[kor'tinə]
cenário (m)	decor (n)	[de'kor]
bastidores (m pl)	culise (f)	[ku'lise]
cena (f)	scenă (f)	['stʃenə]
ato (m)	act (n)	[akt]
entreato (m)	antract (n)	[an'trakt]

125. Cinema

ator (m)	actor (m)	[ak'tor]
atriz (f)	actriţă (f)	[ak'tritsə]
cinema (m)	cinema (n)	[ʧine'ma]
filme (m)	film (n)	[film]
episódio (m)	serie (f)	['serie]
filme (m) policial	detectiv (n)	[detek'tiv]
filme (m) de ação	film (n) de acţiune	['film de aktsi'une]
filme (m) de aventuras	film (n) de aventură	['film de aven'turə]
filme (m) de ficção científica	film (n) fantastic	['film fan'tastik]
filme (m) de terror	film (m) de groază	['film de gro'azə]
comédia (f)	comedie (f)	[kome'die]
melodrama (m)	melodramă (f)	[melo'dramə]
drama (m)	dramă (f)	['dramə]
filme (m) ficcional	film (n) artistic	[film ar'tistik]
documentário (m)	film (n) documentar	[film dokumen'tar]
desenho (m) animado	desene (n) animate	[de'sene ani'mate]
cinema (m) mudo	film (n) mut	[film mut]
papel (m)	rol (n)	[rol]
papel (m) principal	rolul (n) principal	['rolul printʃi'pal]
representar (vt)	a juca	[a ʒu'ka]
estrela (f) de cinema	stea (f) de cinema	[st'a de ʧine'ma]
conhecido	cunoscut	[kunos'kut]
famoso	vestit	[ves'tit]
popular	popular	[popu'lar]
argumento (m)	scenariu (n)	[stʃe'narju]
argumentista (m)	scenarist (m)	[stʃena'rist]
realizador (m)	regizor (m)	[re'dʒizor]
produtor (m)	producător (m)	[produkə'tor]
assistente (m)	asistent (m)	[asis'tent]
diretor (m) de fotografia	operator (m)	[opera'tor]
duplo (m)	cascador (m)	[kaska'dor]
filmar (vt)	a turna un film	[a tur'na un film]
audição (f)	probe (f pl)	['probe]
filmagem (f)	filmări (f pl)	[filmərʲ]
equipe (f) de filmagem	echipă (f) de filmare	[e'kipə de fil'mare]
set (m) de filmagem	teren (n) de filmare	[te'ren de fil'mare]
câmara (f)	cameră (f) de luat vederi	['kamerə de lu'at ve'derʲ]
cinema (m)	cinematograf (n)	[ʧinemato'graf]
ecrã (m), tela (f)	ecran (n)	[e'kran]
exibir um filme	a prezenta un film	[a prezen'ta un 'film]
pista (f) sonora	linie (f) sonoră	['linie so'norə]
efeitos (m pl) especiais	efecte (n pl) speciale	[e'fekte spetʃi'ale]
legendas (f pl)	subtitluri (n pl)	[sub'titlurʲ]

crédito (m)	titrări (f pl)	[tit'rərʲ]
tradução (f)	traducere (f)	[tra'dutʃere]

126. Pintura

arte (f)	artă (f)	['artə]
belas-artes (f pl)	arte (f pl) frumoase	['arte frumo'ase]
galeria (f) de arte	galerie (f)	[gale'rie]
exposição (f) de arte	expoziţie (f) de tablouri	[ekspo'zitsie de tab'lourʲ]

pintura (f)	pictură (f)	[pik'turə]
arte (f) gráfica	grafică (f)	['grafikə]
arte (f) abstrata	abstracţionism (n)	[abstraktsio'nism]
impressionismo (m)	impresionism (n)	[impresio'nism]

pintura (f), quadro (m)	tablou (n)	[tab'lou]
desenho (m)	desen (n)	[de'sen]
cartaz, póster (m)	afiş (n)	[a'fiʃ]

ilustração (f)	ilustraţie (f)	[ilus'tratsie]
miniatura (f)	miniatură (f)	[minia'turə]
cópia (f)	copie (f)	['kopie]
reprodução (f)	reproducere (f)	[repro'dutʃere]

mosaico (m)	mozaic (n)	[moza'ik]
vitral (m)	vitraliu (n)	[vi'tralju]
fresco (m)	frescă (f)	['freskə]
gravura (f)	gravură (f)	[gra'vurə]

busto (m)	bust (n)	[bust]
escultura (f)	sculptură (f)	[skulp'turə]
estátua (f)	statuie (f)	[sta'tue]
gesso (m)	ghips (n)	[gips]
em gesso	de, din ghips	[de, din gips]

retrato (m)	portret (n)	[por'tret]
autorretrato (m)	autoportret (n)	[autopor'tret]
paisagem (f)	peisaj (n)	[pej'saʒ]
natureza (f) morta	natură (f) moartă	[na'turə mo'artə]
caricatura (f)	caricatură (f)	[karika'turə]

tinta (f)	vopsea (f)	[vop'sʲa]
aguarela (f)	acuarelă (f)	[akua'relə]
óleo (m)	ulei (n)	[u'lej]
lápis (m)	creion (n)	[kre'jon]
tinta da China (f)	tuş (n)	[tuʃ]
carvão (m)	cărbune (m)	[kər'bune]

desenhar (vt)	a schiţa	[a ski'tsa]
pintar (vt)	a schiţa	[a ski'tsa]
posar (vi)	a poza	[a po'za]
modelo (m)	naturist (m)	[natu'rist]
modelo (f)	naturistă (f)	[natu'ristə]
pintor (m)	pictor (m)	['piktor]

obra (f)	operă (f)	['operə]
obra-prima (f)	capodoperă (f)	[kapo'doperə]
estúdio (m)	atelier (n)	[ate'ljer]

tela (f)	pânză (f)	['pînzə]
cavalete (m)	şevalet (n)	[ʃəva'let]
paleta (f)	paletă (f)	[pa'letə]

moldura (f)	ramă (f)	['ramə]
restauração (f)	restaurare (f)	[restau'rare]
restaurar (vt)	a restaura	[a restau'ra]

127. Literatura & Poesia

literatura (f)	literatură (f)	[litera'turə]
autor (m)	autor (m)	[au'tor]
pseudónimo (m)	pseudonim (n)	[pseudo'nim]

livro (m)	carte (f)	['karte]
volume (m)	volum (n)	[vo'lum]
índice (m)	cuprins (n)	[ku'prins]
página (f)	pagină (f)	['padʒinə]
protagonista (m)	erou (m) principal	[e'rou printʃi'pal]
autógrafo (m)	autograf (n)	[auto'graf]

conto (m)	povestire (f)	[poves'tire]
novela (f)	nuvelă (f)	[nu'velə]
romance (m)	roman (n)	[ro'man]
obra (f)	compunere (f)	[kom'punere]
fábula (m)	fabulă (f)	['fabulə]
romance (m) policial	detectiv (m)	[detek'tiv]

poesia (obra)	poezie (f)	[poe'zie]
poesia (arte)	poezie (f)	[poe'zie]
poema (m)	poem (n)	[po'em]
poeta (m)	poet (m)	[po'et]

ficção (f) científica	science fiction (n)	['saens 'fikʃn]
aventuras (f pl)	aventură (f)	[aven'turə]
literatura (f) didática	literatură (f) ştiinţifică	[litera'turə ʃtiin'tsifikə]
literatura (f) infantil	literatură (f) pentru copii	[litera'turə 'pentru ko'pij]

128. Circo

circo (m)	circ (n)	[tʃirk]
circo (m) ambulante	circ (n) pe roţi	[tʃirk pe 'rots]
programa (m)	program (n)	[pro'gram]
apresentação (f)	spectacol (n)	[spekta'kol]

número (m)	număr (n)	['numər]
arena (f)	arenă (f)	[a'renə]
pantomima (f)	pantomimă (f)	[panto'mimə]

palhaço (m)	clovn (m)	[klovn]
acrobata (m)	acrobat (m)	[akro'bat]
acrobacia (f)	acrobatică (f)	[akro'batikə]
ginasta (m)	gimnast (m)	[dʒim'nast]
ginástica (f)	gimnastică (f)	[dʒim'nastikə]
salto (m) mortal	tumbă (f)	['tumbə]

homem forte (m)	atlet (m)	[at'let]
domador (m)	îmblânzitor (m)	[imblinzi'tor]
cavaleiro (m) equilibrista	călăreț (m)	[kələ'rets]
assistente (m)	asistent (m)	[asis'tent]

truque (m)	truc (n)	[truk]
truque (m) de mágica	scamatorie (f)	[skama'torie]
mágico (m)	scamator (m)	[skama'tor]

malabarista (m)	jongler (m)	[ʒon'gler]
fazer malabarismos	a jongla	[a ʒon'gla]
domador (m)	dresor (m)	[dre'sor]
adestramento (m)	dresare (f)	[dre'sare]
adestrar (vt)	a dresa	[a dre'sa]

129. Música. Música popular

música (f)	muzică (f)	['muzikə]
músico (m)	muzician (m)	[muzitʃi'an]
instrumento (m) musical	instrument (n) muzical	[instru'ment muzi'kal]
tocar ...	a cânta la ...	[a kɨn'ta 'la]

guitarra (f)	chitară (f)	[ki'tarə]
violino (m)	vioară (f)	[vio'arə]
violoncelo (m)	violoncel (n)	[violon'tʃel]
contrabaixo (m)	contrabas (n)	[kontra'bas]
harpa (f)	harpă (f)	['harpə]

piano (m)	pianină (f)	[pia'nino]
piano (m) de cauda	pian (n) cu coadă	['pjan ku ku'ado]
órgão (m)	orgă (f)	['orgə]

instrumentos (m pl) de sopro	instrumente (n pl) de suflat	[instru'mente de suf'lat]
oboé (m)	oboi (m)	[o'boj]
saxofone (m)	saxofon (n)	[sakso'fon]
clarinete (m)	clarinet (n)	[klari'net]
flauta (f)	flaut (n)	['flaut]
trompete (m)	trompetă (f)	[trom'petə]

| acordeão (m) | acordeon (n) | [akorde'on] |
| tambor (m) | tobă (f) | ['tobə] |

duo, dueto (m)	duet (n)	[du'et]
trio (m)	trio (n)	['trio]
quarteto (m)	cvartet (n)	[kvar'tet]
coro (m)	cor (n)	[kor]
orquestra (f)	orchestră (f)	[or'kestrə]

música (f) pop	muzică (f) pop	['muzikə pop]
música (f) rock	muzică (f) rock	['muzikə rok]
grupo (m) de rock	formație (n) rock	[for'matsie rok]
jazz (m)	jazz (n)	[dʒaz]
ídolo (m)	idol (m)	['idol]
fã, admirador (m)	fan (m)	[fan]
concerto (m)	concert (n)	[kon'tʃert]
sinfonia (f)	simfonie (f)	[simfo'nie]
composição (f)	operă (f)	['operə]
compor (vt)	a compune	[a kom'pune]
canto (m)	cântare (f)	[kin'tare]
canção (f)	cântec (n)	['kintek]
melodia (f)	melodie (f)	[melo'die]
ritmo (m)	ritm (n)	[ritm]
blues (m)	blues (n)	[bluz]
notas (f pl)	note (f pl)	['note]
batuta (f)	baghetă (f)	[ba'getə]
arco (m)	arcuș (n)	[ar'kuʃ]
corda (f)	coardă (f)	[ko'ardə]
estojo (m)	husă (f)	['husə]

Descanso. Entretenimento. Viagens

130. Viagens

turismo (m)	turism (n)	[tu'rism]
turista (m)	turist (m)	[tu'rist]
viagem (f)	călătorie (f)	[kələto'rie]
aventura (f)	aventură (f)	[aven'turə]
viagem (f)	voiaj (n)	[vo'jaʒ]
férias (f pl)	concediu (n)	[kon'tʃedju]
estar de férias	a fi în concediu	[a fi in kon'tʃedju]
descanso (m)	odihnă (f)	[o'dihnə]
comboio (m)	tren (n)	[tren]
de comboio (chegar ~)	cu trenul	[ku 'trenul]
avião (m)	avion (n)	[a'vjon]
de avião	cu avionul	[ku a'vjonul]
de carro	cu automobilul	[ku automo'bilul]
de navio	cu vaporul	[ku va'porul]
bagagem (f)	bagaj (n)	[ba'gaʒ]
mala (f)	valiză (f)	[va'lizə]
carrinho (m)	cărucior (n) pentru bagaj	[kəru'tʃior 'pentru ba'gaʒ]
passaporte (m)	paşaport (n)	[paʃa'port]
visto (m)	viză (f)	['vizə]
bilhete (m)	bilet (n)	[bi'let]
bilhete (m) de avião	bilet (n) de avion	[bi'let de a'vjon]
guia (m) de viagem	ghid (m)	[gid]
mapa (m)	hartă (f)	['hartə]
local (m), area (f)	localitate (f)	[lokali'tate]
lugar, sítio (m)	loc (n)	[lok]
exotismo (m)	exotism (n)	[egzo'tism]
exótico	exotic	[e'gzotik]
surpreendente	uimitor	[ujmi'tor]
grupo (m)	grup (n)	[grup]
excursão (f)	excursie (f)	[eks'kursie]
guia (m)	ghid (m)	[gid]

131. Hotel

hotel (m)	hotel (n)	[ho'tel]
motel (m)	motel (n)	[mo'tel]
três estrelas	trei stele	[trej 'stele]

| cinco estrelas | cinci stele | [tʃintʃ 'stele] |
| ficar (~ num hotel) | a se opri | [a se o'pri] |

quarto (m)	cameră (f)	['kamerə]
quarto (m) individual	cameră pentru o persoană (n)	['kamerə 'pentru o perso'anə]
quarto (m) duplo	cameră pentru două persoane (n)	['kamerə 'pentru 'dowə perso'ane]
reservar um quarto	a rezerva o cameră	[a rezer'va o 'kamerə]

| meia pensão (f) | demipensiune (f) | [demipensi'une] |
| pensão (f) completa | pensiune (f) | [pensi'une] |

com banheira	cu baie	[ku 'bae]
com duche	cu duş	[ku duʃ]
televisão (m) satélite	televiziune (f) prin satelit	[televizi'une 'prin sate'lit]
ar (m) condicionado	aer (n) condiţionat	['aer konditsio'nat]
toalha (f)	prosop (n)	[pro'sop]
chave (f)	cheie (f)	['kee]

administrador (m)	administrator (m)	[adminis'trator]
camareira (f)	femeie (f) de serviciu	[fe'mee de ser'vitʃiu]
bagageiro (m)	hamal (m)	[ha'mal]
porteiro (m)	portar (m)	[por'tar]

restaurante (m)	restaurant (n)	[restau'rant]
bar (m)	bar (n)	[bar]
pequeno-almoço (m)	micul dejun (n)	['mikul de'ʒun]
jantar (m)	cină (f)	['tʃinə]
buffet (m)	masă suedeză (f)	['masə sue'dezə]

| hall (m) de entrada | vestibul (n) | [vesti'bul] |
| elevador (m) | lift (n) | [lift] |

| NÃO PERTURBE | NU DERANJAŢI! | [nu deran'ʒats] |
| PROIBIDO FUMAR! | NU FUMAŢI! | [nu fu'mats] |

132. Livros. Leitura

livro (m)	carte (f)	['karte]
autor (m)	autor (m)	[au'tor]
escritor (m)	scriitor (m)	[skrii'tor]
escrever (vt)	a scrie	[a 'skrie]

leitor (m)	cititor (m)	[tʃiti'tor]
ler (vt)	a citi	[a tʃi'ti]
leitura (f)	lectură (f)	[lek'turə]

| para si | în gând | [in gind] |
| em voz alta | cu voce tare | [ku 'votʃe 'tare] |

publicar (vt)	a publica	[a publi'ka]
publicação (f)	ediţie (f)	[e'ditsie]
editor (m)	editor (m)	[edi'tor]

editora (f)	editură (f)	[edi'turə]
sair (vi)	a apărea	[a apə'rʲa]
lançamento (m)	publicare (f)	[publi'kare]
tiragem (f)	tiraj (n)	[ti'raʒ]
livraria (f)	librărie (f)	[librə'rie]
biblioteca (f)	bibliotecă (f)	[biblio'tekə]
novela (f)	nuvelă (f)	[nu'velə]
conto (m)	povestire (f)	[poves'tire]
romance (m)	roman (n)	[ro'man]
romance (m) policial	detectiv (n)	[detek'tiv]
memórias (f pl)	memorii (n pl)	[me'morij]
lenda (f)	legendă (f)	[le'dʒendə]
mito (m)	mit (n)	[mit]
poesia (f)	versuri (n pl)	['versurʲ]
autobiografia (f)	autobiografie (f)	[autobiogra'fie]
obras (f pl) escolhidas	opere (f pl) alese	['opere a'lese]
ficção (f) científica	fantastică (f)	[fan'tastikə]
título (m)	denumire (f)	[denu'mire]
introdução (f)	prefață (f)	[pre'fatsə]
folha (f) de rosto	foaie (f) de titlu	[fo'ae de 'titlu]
capítulo (m)	capitol (n)	[ka'pitol]
excerto (m)	fragment (n)	[frag'ment]
episódio (m)	episod (n)	[epi'zod]
tema (m)	subiect (n)	[su'bjekt]
conteúdo (m)	cuprins (n)	[ku'prins]
índice (m)	cuprins (n)	[ku'prins]
protagonista (m)	erou (m) principal	[e'rou printʃi'pal]
tomo, volume (m)	volum (n)	[vo'lum]
capa (f)	copertă (f)	[ko'pertə]
encadernação (f)	copertă (f)	[ko'pertə]
marcador (m) de livro	semn (n) de carte	[semn de 'karte]
página (f)	pagină (f)	['padʒinə]
folhear (vt)	a răsfoi	[a rəsfo'i]
margem (f)	margine (f)	['mardʒine]
anotação (f)	notă (f) marginală	['notə mardʒi'nalə]
nota (f) de rodapé	însemnare (f)	[insem'nare]
texto (m)	text (n)	[tekst]
fonte (f)	caracter (n)	[karak'ter]
gralha (f)	greșeală (f) de tipar	[gre'ʃalə de ti'par]
tradução (f)	traducere (f)	[tra'dutʃere]
traduzir (vt)	a traduce	[a tra'dutʃe]
original (m)	original (n)	[oridʒi'nal]
famoso	vestit	[ves'tit]
desconhecido	necunoscut	[nekunos'kut]

121

| interessante | interesant | [intere'sant] |
| best-seller (m) | best seller (n) | [best 'seler] |

dicionário (m)	dicţionar (n)	[diktsio'nar]
manual (m) escolar	manual (n)	[manu'al]
enciclopédia (f)	enciclopedie (f)	[entʃiklope'die]

133. Caça. Pesca

caça (f)	vânătoare (f)	[vɨnəto'are]
caçar (vi)	a vâna	[a vɨ'na]
caçador (m)	vânător (m)	[vɨnə'tor]

atirar (vi)	a trage	[a 'tradʒə]
caçadeira (f)	armă (f)	['armə]
cartucho (m)	cartuş (n)	[kar'tuʃ]
chumbo (m) de caça	alice (f)	[a'litʃe]

armadilha (f)	capcană (f)	[kap'kanə]
armadilha (com corda)	cursă (f)	['kursə]
pôr a armadilha	a pune capcană	[a 'pune kap'kanə]

caçador (m) furtivo	braconier (m)	[brako'njer]
caça (f)	vânat (n)	[vɨ'nat]
cão (m) de caça	câine (m) de vânătoare	['kine de vɨnəto'are]
safári (m)	safari (n)	[sa'fari]
animal (m) empalhado	animal (n) împăiat	[ani'mal impə'jat]

pescador (m)	pescar (m)	[pes'kar]
pesca (f)	pescuit (n)	[pesku'it]
pescar (vt)	a pescui	[a pesku'i]

cana (f) de pesca	undiţă (f)	['unditsə]
linha (f) de pesca	sfoara (f) undiţei	[sfo'ara 'unditsej]
anzol (m)	cârlig (n)	[kɨr'lig]
boia (f)	plută (f)	['plutə]
isca (f)	momeală (f)	[mo'mʲalə]

| lançar a linha | a arunca undiţa | [a arun'ka 'unditsa] |
| morder (vt) | a trage la undiţă | [a 'tradʒe la 'unditsə] |

| pesca (f) | pescuit (n) | [pesku'it] |
| buraco (m) no gelo | copcă (f) | ['kopkə] |

rede (f)	plasă (f)	['plasə]
barco (m)	barcă (f)	['barkə]
pescar com rede	a prinde cu plasa	[a 'prinde 'ku 'plasa]

| lançar a rede | a arunca plasa | [a arun'ka 'plasa] |
| puxar a rede | a scoate plasa | [a sko'ate 'plasa] |

baleeiro (m)	vânător (m) de balene	[vanə'tor də 'balenə]
baleeira (f)	balenieră (f)	[bale'njerə]
arpão (m)	harpon (n)	[har'pon]

134. Jogos. Bilhar

bilhar (m)	biliard (n)	[bi'ljard]
sala (f) de bilhar	sală (f) de biliard	['salə de bi'ljard]
bola (f) de bilhar	bilă (f)	['bilə]
embolsar uma bola	a băga bila	[a bə'ga 'bila]
taco (m)	tac (n)	[tak]
caçapa (f)	gaură (f) de biliard	['gaurə de bi'ljard]

135. Jogos. Jogar cartas

ouros (m pl)	tobă (f)	['tobə]
espadas (f pl)	pică (f)	['pikə]
copas (f pl)	cupă (f)	['kupə]
paus (m pl)	treflă (f)	['treflə]
ás (m)	as (m)	[as]
rei (m)	rege (m)	['redʒe]
dama (f)	damă (f)	['damə]
valete (m)	valet (m)	[va'let]
carta (f) de jogar	carte (f) de joc	['karte de ʒok]
cartas (f pl)	cărți (f pl) de joc	[kərtsʲ de ʒok]
trunfo (m)	atu (n)	[a'tu]
baralho (m)	pachet (n) de cărți de joc	[pa'ket de kərts de ʒok]
dar, distribuir (vt)	a împărți	[a impər'tsi]
embaralhar (vt)	a amesteca	[a ameste'ka]
vez, jogada (f)	rând (n)	[rind]
batoteiro (m)	trișor (m)	[tri'ʃor]

136. Descanso. Jogos. Diversos

passear (vi)	a se plimba	[a se plim'ba]
passeio (m)	plimbare (f)	[plim'bare]
viagem (f) de carro	excursie (f)	[eks'kursie]
aventura (f)	aventură (f)	[aven'turə]
piquenique (m)	picnic (n)	['piknik]
jogo (m)	joc (n)	[ʒok]
jogador (m)	jucător (m)	[ʒukə'tor]
partida (f)	partidă (f)	[par'tidə]
colecionador (m)	colecționar (m)	[kolektsio'nar]
colecionar (vt)	a colecționa	[a kolektsio'na]
coleção (f)	colecție (f)	[ko'lektsie]
palavras (f pl) cruzadas	rebus (n)	['rebus]
hipódromo (m)	hipodrom (n)	[hipo'drom]
discoteca (f)	discotecă (f)	[disko'tekə]

sauna (f)	saună (f)	['saunə]
lotaria (f)	loterie (f)	[lote'rie]

campismo (m)	camping (n)	['kemping]
acampamento (m)	tabără (f)	['tabərə]
tenda (f)	cort (n)	[kort]
bússola (f)	busolă (f)	[bu'solə]
campista (m)	turist (m)	[tu'rist]

ver (vt), assistir à ...	a se uita	[a se uj'ta]
telespectador (m)	telespectator (m)	[telespekta'tor]
programa (m) de TV	emisiune (f) televizată	[emisi'une televi'zatə]

137. Fotografia

máquina (f) fotográfica	aparat (n) foto	[apa'rat 'foto]
foto, fotografia (f)	fotografie (f)	[fotogra'fie]

fotógrafo (m)	fotograf (m)	[foto'graf]
estúdio (m) fotográfico	studio (n) foto	[stu'djo 'foto]
álbum (m) de fotografias	album (n) foto	[al'bum 'foto]

objetiva (f)	obiectiv (n)	[objek'tiv]
teleobjetiva (f)	teleobiectiv (n)	[teleobjek'tiv]
filtro (m)	filtru (n)	['filtru]
lente (f)	lentilă (f)	[len'tilə]

ótica (f)	optică (f)	['optikə]
abertura (f)	diafragmă (f)	[dia'fragmə]
exposição (f)	timp (m) de expunere	['timp de eks'punere]
visor (m)	vizor (n)	[vi'zor]

câmara (f) digital	cameră (f) digitală	['kamerə didʒi'talə]
tripé (m)	suport (n)	[su'port]
flash (m)	blitz (n)	[blits]

fotografar (vt)	a fotografia	[a fotografi'ja]
tirar fotos	a fotografia	[a fotografi'ja]
fotografar-se	a se fotografia	[a se fotografi'ja]

foco (m)	claritate (f)	[klari'tate]
focar (vt)	a îndrepta	[a indrep'ta]

nítido	clar	[klar]
nitidez (f)	claritatea (f) imaginii	[klari'tatʲa i'madʒinij]

contraste (m)	contrast (n)	[kon'trast]
contrastante	de contrast	[de kon'trast]

retrato (m)	fotografie (f)	[fotogra'fie]
negativo (m)	negativ (n)	[nega'tiv]
filme (m)	film (n)	[film]
fotograma (m)	cadru (n)	['kadru]
imprimir (vt)	a tipări	[a tipə'ri]

138. Praia. Natação

praia (f)	plajă (f)	['plaʒə]
areia (f)	nisip (n)	[ni'sip]
deserto	pustiu	[pus'tiu]

bronzeado (m)	bronz (n)	[bronz]
bronzear-se (vr)	a se bronza	[a se bron'za]
bronzeado	bronzat	[bron'zat]
protetor (m) solar	cremă (f) pentru bronzat	['kremə 'pentru bron'zat]

biquíni (m)	bikini (n)	[bi'kini]
fato (m) de banho	costum (n) de baie	[kos'tum de 'bae]
calção (m) de banho	slipi (m pl)	[slipʲ]

piscina (f)	bazin (n)	[ba'zin]
nadar (vi)	a înota	[a ino'ta]
duche (m)	duş (n)	[duʃ]
mudar de roupa	a se schimba	[a se skim'ba]
toalha (f)	prosop (n)	[pro'sop]

barco (m)	barcă (f)	['barkə]
lancha (f)	cuter (n)	['kuter]
esqui (m) aquático	schiuri (n pl) pe apă	['skjurʲ pe 'apə]
barco (m) de pedais	bicicletă (f) pe apă	[biʧi'kletə pe 'apə]
surf (m)	surfing (n)	['serfing]
surfista (m)	surfer (m)	['serfer]

equipamento (m) de mergulho	acvalang (n)	[akva'lang]
barbatanas (f pl)	labe (f pl) de înot	['labe de i'not]
máscara (f)	mască (f)	['maskə]
mergulhador (m)	scufundător (m)	[skufundə'tor]
mergulhar (vi)	a se scufunda	[a se skufun'da]
debaixo d'água	sub apă	[sub 'apə]

guarda-sol (m)	umbrelă (f)	[um'brelə]
espreguiçadeira (f)	şezlong (n)	[ʃez'long]
óculos (m pl) de sol	ochelari (m pl)	[oke'larʲ]
colchão (m) de ar	saltea (f) de înot	[sal'tʲa de i'not]

| brincar (vi) | a juca | [a ʒu'ka] |
| ir nadar | a se scălda | [a se skəl'da] |

bola (f) de praia	minge (f)	['mindʒe]
encher (vt)	a umfla	[a um'fla]
inflável, de ar	pneumatic	[pneu'matik]

onda (f)	val (n)	[val]
boia (f)	baliză (f)	[ba'lizə]
afogar-se (pessoa)	a se îneca	[a se ine'ka]

salvar (vt)	a salva	[a sal'va]
colete (m) salva-vidas	vestă (f) de salvare	['vestə de sal'vare]
observar (vt)	a observa	[a obser'va]
nadador-salvador (m)	salvator (m)	[salva'tor]

EQUIPAMENTO TÉCNICO. TRANSPORTES

Equipamento técnico. Transportes

139. Computador

computador (m)	calculator (n)	[kalkula'tor]
portátil (m)	laptop (n)	[ləp'top]
ligar (vt)	a deschide	[a des'kide]
desligar (vt)	a închide	[a i'nkide]
teclado (m)	tastatură (f)	[tasta'turə]
tecla (f)	tastă (f)	['tastə]
rato (m)	mouse (n)	['maus]
tapete (m) de rato	mousepad (n)	[maus'pad]
botão (m)	tastă (f)	['tastə]
cursor (m)	cursor (m)	[kur'sor]
monitor (m)	monitor (n)	[moni'tor]
ecrã (m)	ecran (n)	[e'kran]
disco (m) rígido	hard disc (n)	[hard disk]
capacidade (f) do disco rígido	capacitatea (f) hard discului	[kapaʧi'tatʲa 'hard 'diskuluj]
memória (f)	memorie (f)	[me'morie]
memória RAM (f)	memorie (f) operativă	[me'morie opera'tivə]
ficheiro (m)	fişier (n)	[fiʃi'er]
pasta (f)	document (n)	[doku'ment]
abrir (vt)	a deschide	[a des'kide]
fechar (vt)	a închide	[a i'nkide]
guardar (vt)	a păstra	[a pəs'tra]
apagar, eliminar (vt)	a şterge	[a 'ʃterdʒe]
copiar (vt)	a copia	[a kopi'ja]
ordenar (vt)	a sorta	[a sor'ta]
copiar (vt)	a copia	[a kopi'ja]
programa (m)	program (n)	[pro'gram]
software (m)	programe (n) de aplicaţie	[pro'grame de apli'katsie]
programador (m)	programator (m)	[programa'tor]
programar (vt)	a programa	[a progra'ma]
hacker (m)	hacker (m)	['haker]
senha (f)	parolă (f)	[pa'rolə]
vírus (m)	virus (m)	['virus]
detetar (vt)	a găsi	[a gə'si]
byte (m)	bait (m)	[bajt]

megabyte (m)	megabyte (m)	[mega'bajt]
dados (m pl)	date (f pl)	['date]
base (f) de dados	bază (f) de date	['bazə de 'date]

cabo (m)	cablu (n)	['kablu]
desconectar (vt)	a deconecta	[a dekonek'ta]
conetar (vt)	a conecta	[a konek'ta]

140. Internet. E-mail

internet (f)	internet (n)	[inter'net]
browser (m)	browser (n)	['brauzer]
motor (m) de busca	motor (n) de căutare	[mo'tor de kəu'tare]
provedor (m)	cablu (n)	['kablu]

webmaster (m)	web master (m)	[web 'master]
website, sítio web (m)	web site (n)	[web 'sajt]
página (f) web	pagină (f) web	['padʒinə web]

endereço (m)	adresă (f)	[a'dresə]
livro (m) de endereços	registru (n) de adrese	[re'dʒistru de a'drese]

caixa (f) de correio	cutie (f) poştală	[ku'tie poʃ'talə]
correio (m)	corespondenţă (f)	[korespon'dentsə]

mensagem (f)	mesaj (n)	[me'saʒ]
remetente (m)	expeditor (m)	[ekspedi'tor]
enviar (vt)	a expedia	[a ekspedi'ja]
envio (m)	expediere (f)	[ekspe'djere]

destinatário (m)	destinatar (m)	[destina'tar]
receber (vt)	a primi	[a pri'mi]

correspondência (f)	corespondenţă (f)	[korespon'dentsə]
corresponder-se (vr)	a coresponda	[a korespon'da]

ficheiro (m)	fişier (n)	[fiʃi'er]
fazer download, baixar	a copia	[a kopi'ja]
criar (vt)	a crea	[a 'kria]
apagar, eliminar (vt)	a şterge	[a 'ʃterdʒe]
eliminado	şters	[ʃters]

conexão (f)	conexiune (f)	[koneksi'une]
velocidade (f)	viteză (f)	[vi'tezə]
modem (m)	modem (n)	[mo'dem]

acesso (m)	acces (n)	[ak'tʃes]
porta (f)	port (n)	[port]

conexão (f)	conectare (f)	[konek'tare]
conetar (vi)	a se conecta	[a se konek'ta]

escolher (vt)	a alege	[a a'ledʒe]
buscar (vt)	a căuta	[a kəu'ta]

Transportes

141. Avião

avião (m)	avion (n)	[a'vjon]
bilhete (m) de avião	bilet (n) de avion	[bi'let de a'vjon]
companhia (f) aérea	companie (f) aeriană	[kompa'nie aeri'anə]
aeroporto (m)	aeroport (n)	[aero'port]
supersónico	supersonic	[super'sonik]
comandante (m) do avião	comandant (m) de navă	[koman'dant de 'navə]
tripulação (f)	echipaj (n)	[eki'paʒ]
piloto (m)	pilot (m)	[pi'lot]
hospedeira (f) de bordo	stewardesă (f)	[stjuar'desə]
copiloto (m)	navigator (m)	[naviga'tor]
asas (f pl)	aripi (f pl)	[a'ripʲ]
cauda (f)	coadă (f)	[ko'adə]
cabine (f) de pilotagem	cabină (f)	[ka'binə]
motor (m)	motor (n)	[mo'tor]
trem (m) de aterragem	tren (n) de aterizare	[tren de ateri'zare]
turbina (f)	turbină (f)	[tur'binə]
hélice (f)	elice (f)	[e'litʃe]
caixa-preta (f)	cutie (f) neagră	[ku'tie 'nʲagrə]
coluna (f) de controlo	manşă (f)	['manʃə]
combustível (m)	combustibil (m)	[kombus'tibil]
instruções (f pl) de segurança	instrucţiune (f)	[instrukʦi'une]
máscara (f) de oxigénio	mască (f) cu oxigen	['maskə 'ku oksi'dʒen]
uniforme (m)	uniformă (f)	[uni'formə]
colete (m) salva-vidas	vestă (f) de salvare	['vestə de sal'vare]
paraquedas (m)	paraşută (f)	[para'ʃutə]
descolagem (f)	decolare (f)	[deko'lare]
descolar (vi)	a decola	[a deko'la]
pista (f) de descolagem	pistă (f) de decolare	['pistə de deko'lare]
visibilidade (f)	vizibilitate (f)	[vizibili'tate]
voo (m)	zbor (n)	[zbor]
altura (f)	înălţime (f)	[inəl'ʦime]
poço (m) de ar	gol de aer (n)	[gol de 'aer]
assento (m)	loc (n)	[lok]
auscultadores (m pl)	căşti (f pl)	[kəʃtʲ]
mesa (f) rebatível	măsuţă (f) rabatabilă	[mə'suʦə raba'tabilə]
vigia (f)	hublou (n)	[hu'blou]
passagem (f)	trecere (f)	['tretʃere]

142. Comboio

comboio (m)	tren (n)	[tren]
comboio (m) suburbano	tren (n) electric	['tren e'lektrik]
comboio (m) rápido	tren (n) accelerat	['tren aktʃele'rat]
locomotiva (f) diesel	locomotivă (f) cu motor diesel	[lokomo'tivə ku mo'tor 'dizel]
locomotiva (f) a vapor	locomotivă (f)	[lokomo'tivə]

carruagem (f)	vagon (n)	[va'gon]
carruagem restaurante (f)	vagon-restaurant (n)	[va'gon restau'rant]

carris (m pl)	şine (f pl)	['ʃine]
caminho de ferro (m)	cale (f) ferată	['kale fe'ratə]
travessa (f)	traversă (f)	[tra'versə]

plataforma (f)	peron (n)	[pe'ron]
linha (f)	linie (f)	['linie]
semáforo (m)	semafor (n)	[sema'for]
estação (f)	staţie (f)	['statsie]

maquinista (m)	maşinist (m)	[maʃi'nist]
bagageiro (m)	hamal (m)	[ha'mal]
hospedeiro, -a (da carruagem)	însoţitor (m)	[insotsi'tor]
passageiro (m)	pasager (m)	[pasa'dʒer]
revisor (m)	controlor (m)	[kontro'lor]

corredor (m)	coridor (n)	[kori'dor]
freio (m) de emergência	semnal (n) de alarmă	[sem'nal de a'larmə]

compartimento (m)	compartiment (n)	[komparti'ment]
cama (f)	cuşetă (f)	[ku'ʃetə]
cama (f) de cima	patul (n) de sus	['patul de sus]
cama (f) de baixo	patul (n) de jos	['patul de ʒos]
roupa (f) de cama	lenjerie (f) de pat	[lenʒe'rie de pat]

bilhete (m)	bilet (n)	[bi'let]
horário (m)	orar (n)	[o'rar]
painel (m) de informação	panou (n)	[pa'nou]

partir (vt)	a pleca	[a ple'ka]
partida (f)	plecare (f)	[ple'kare]
chegar (vi)	a sosi	[a so'si]
chegada (f)	sosire (f)	[so'sire]

chegar de comboio	a veni cu trenul	[a ve'ni ku 'trenul]
apanhar o comboio	a se aşeza în tren	[a se aʃe'za in tren]
sair do comboio	a coborî din tren	[a kobo'rî din tren]

acidente (m) ferroviário	accident (n) de tren	[aktʃi'dent de tren]
locomotiva (f) a vapor	locomotivă (f)	[lokomo'tivə]
fogueiro (m)	fochist (m)	[fo'kist]
fornalha (f)	focar (n)	[fo'kar]
carvão (m)	cărbune (m)	[kər'bune]

143. Barco

| navio (m) | corabie (f) | [ko'rabie] |
| embarcação (f) | navă (f) | ['navə] |

vapor (m)	vapor (n)	[va'por]
navio (m)	motonavă (f)	[moto'navə]
transatlântico (m)	vas (n) de croazieră	[vas de kroa'zjerə]
cruzador (m)	crucişător (n)	[krutʃiʃə'tor]

iate (m)	iaht (n)	[jaht]
rebocador (m)	remorcher (n)	[remor'ker]
barcaça (f)	şlep (n)	[ʃlep]
ferry (m)	bac (n)	[bak]

| veleiro (m) | velier (n) | [ve'ljer] |
| bergantim (m) | brigantină (f) | [brigan'tinə] |

| quebra-gelo (m) | spărgător (n) de gheaţă | [spərgə'tor de 'gʲatsə] |
| submarino (m) | submarin (n) | [subma'rin] |

bote, barco (m)	barcă (f)	['barkə]
bote, dingue (m)	şalupă (f)	[ʃa'lupə]
bote (m) salva-vidas	şalupă (f) de salvare	[ʃa'lupə de sal'vare]
lancha (f)	cuter (n)	['kuter]

capitão (m)	căpitan (m)	[kəpi'tan]
marinheiro (m)	marinar (m)	[mari'nar]
marujo (m)	marinar (m)	[mari'nar]
tripulação (f)	echipaj (n)	[eki'paʒ]

contramestre (m)	şef (m) de echipaj	[ʃef de eki'paʒ]
grumete (m)	mus (m)	[mus]
cozinheiro (m) de bordo	bucătar (m)	[bukə'tar]
médico (m) de bordo	medic (m) pe navă	['medik pe 'navə]

convés (m)	teugă (f)	[te'ugə]
mastro (m)	catarg (n)	[ka'targ]
vela (f)	velă (f)	['velə]

porão (m)	cală (f)	['kalə]
proa (f)	proră (f)	['prorə]
popa (f)	pupă (f)	['pupə]
remo (m)	vâslă (f)	['vislə]
hélice (f)	elice (f)	[e'litʃe]

camarote (m)	cabină (f)	[ka'binə]
sala (f) dos oficiais	salonul (n) ofiţerilor	[sa'lonul ofi'tserilor]
sala (f) das máquinas	sala (f) maşinilor	['sala ma'ʃinilor]
ponte (m) de comando	punte (f) de comandă	['punte de ko'mandə]
sala (f) de comunicações	staţie (f) de radio	['statsie de 'radio]
onda (f) de rádio	undă (f)	['undə]
diário (m) de bordo	jurnal (n) de bord	[ʒur'nal de bord]
luneta (f)	lunetă (f)	[lu'netə]
sino (m)	clopot (n)	['klopot]

bandeira (f)	steag (n)	['st'ag]
cabo (m)	parâmă (f)	[pa'rimə]
nó (m)	nod (n)	[nod]

corrimão (m)	bară (f)	['barə]
prancha (f) de embarque	pasarelă (f)	[pasa'relə]

âncora (f)	ancoră (f)	['ankorə]
recolher a âncora	a ridica ancora	[a ridi'ka 'ankora]
lançar a âncora	a ancora	[a anko'ra]
amarra (f)	lanţ (n) de ancoră	[lanţs de 'ankorə]

porto (m)	port (n)	[port]
cais, amarradouro (m)	acostare (f)	[akos'tare]
atracar (vi)	a acosta	[a akos'ta]
desatracar (vi)	a demara	[a dema'ra]

viagem (f)	călătorie (f)	[kələto'rie]
cruzeiro (m)	croazieră (f)	[kroa'zjerə]
rumo (m), rota (f)	direcţie (f)	[di'rektsie]
itinerário (m)	rută (f)	['rutə]

canal (m) navegável	cale (f) navigabilă	['kale navi'gabilə]
banco (m) de areia	banc (n) de nisip	[bank de ni'sip]
encalhar (vt)	a se împotmoli	[a se impotmo'li]

tempestade (f)	furtună (f)	[fur'tunə]
sinal (m)	semnal (n)	[sem'nal]
afundar-se (vr)	a se scufunda	[a se skufun'da]
SOS	SOS	[sos]
boia (f) salva-vidas	colac (m) de salvare	[ko'lak de sal'vare]

144. Aeroporto

aeroporto (m)	aeroport (n)	[aero'port]
avião (m)	avion (n)	[a'vjon]
companhia (f) aérea	companie (f) aeriană	[kompa'nie aeri'anə]
controlador (m) de tráfego aéreo	dispecer (n)	[dis'petʃer]

partida (f)	decolare (f)	[deko'lare]
chegada (f)	aterizare (f)	[ateri'zare]
chegar (~ de avião)	a ateriza	[a ateri'za]

hora (f) de partida	ora (f) decolării	['ora dekolərij]
hora (f) de chegada	ora (f) aterizării	['ora aterizərij]

estar atrasado	a întârzia	[a intir'zija]
atraso (m) de voo	întârzierea (f) zborului	[intirzjer'a 'zboruluj]

painel (m) de informação	panou (n)	[pa'nou]
informação (f)	informaţie (f)	[infor'matsie]
anunciar (vt)	a anunţa	[a anun'tsa]
voo (m)	cursă (f)	['kursə]

| alfândega (f) | vamă (f) | ['vamə] |
| funcionário (m) da alfândega | vameş (m) | ['vameʃ] |

declaração (f) alfandegária	declaraţie (f)	[dekla'ratsie]
preencher (vt)	a completa	[a komple'ta]
preencher a declaração	a completa declaraţia	[a komple'ta dekla'ratsija]
controlo (m) de passaportes	controlul (n) paşapoartelor	[kon'trolul paʃapo'artelor]

bagagem (f)	bagaj (n)	[ba'gaʒ]
bagagem (f) de mão	bagaj (n) de mână	[ba'gaʒ de 'minə]
carrinho (m)	cărucior (n) pentru bagaj	[kəru'tʃior 'pentru ba'gaʒ]

aterragem (f)	aterizare (f)	[ateri'zare]
pista (f) de aterragem	pistă (f) de aterizare	['pistə de ateri'zare]
aterrar (vi)	a ateriza	[a ateri'za]
escada (f) de avião	scară (f)	['skarə]

check-in (m)	înregistrare (f)	[ɨnredʒis'trare]
balcão (m) do check-in	birou (n) de înregistrare	[bi'rou de ɨnredʒis'trare]
fazer o check-in	a se înregistra	[a se ɨnredʒis'tra]
cartão (m) de embarque	număr (n) de bord	['numər de bord]
porta (f) de embarque	debarcare (f)	[debar'kare]

trânsito (m)	tranzit (n)	['tranzit]
esperar (vi, vt)	a aştepta	[a aʃtep'ta]
sala (f) de espera	sală (f) de aşteptare	['salə de aʃtep'tare]
despedir-se de …	a conduce	[a kon'dutʃe]
despedir-se (vr)	a-şi lua rămas bun	[aʃ lu'a rə'mas bun]

145. Bicicleta. Motocicleta

bicicleta (f)	bicicletă (f)	[bitʃi'kletə]
scotter, lambreta (f)	scuter (n)	['skuter]
mota (f)	motocicletă (f)	[mototʃi'kletə]

ir de bicicleta	a merge cu bicicleta	[a 'merdʒe ku bitʃik'leta]
guiador (m)	ghidon (n)	[gi'don]
pedal (m)	pedală (f)	[pe'dalə]
travões (m pl)	frână (f)	['frinə]
selim (m)	şa (f)	[ʃa]

bomba (f) de ar	pompă (f)	['pompə]
porta-bagagens (m)	portbagaj (n)	[portba'gaʒ]
lanterna (f)	felinar (n)	[feli'nar]
capacete (m)	cască (f)	['kaskə]

roda (f)	roată (f)	[ro'atə]
guarda-lamas (m)	aripă (f)	[a'ripə]
aro (m)	obada (f) roţii	[o'bada 'rotsij]
raio (m)	spiţă (f)	['spitsə]

Carros

146. Tipos de carros

carro, automóvel (m)	automobil (n)	[automo'bil]
carro (m) desportivo	automobil (n) sport	[automo'bil 'sport]
limusine (f)	limuzină (f)	[limu'zinə]
todo o terreno (m)	vehicul (n) de teren (n)	[ve'hikul de te'ren]
descapotável (m)	cabrioletă (f)	[kabrio'letə]
minibus (m)	microbuz (n)	[mikro'buz]
ambulância (f)	ambulanţă (f)	[ambu'lantsə]
limpa-neve (m)	maşină (f) de deszăpezire	[ma'ʃinə de deszəpe'zire]
camião (m)	autocamion (n)	[autoka'mjon]
camião-cisterna (m)	autocisternă (f) pentru combustibil	[autotʃis'ternə 'pentru kombus'tibil]
carrinha (f)	furgon (n)	[fur'gon]
camião-trator (m)	remorcher (n)	[remor'ker]
atrelado (m)	remorcă (f)	[re'morkə]
confortável	confortabil	[konfor'tabil]
usado	uzat	[u'zat]

147. Carros. Carroçaria

capô (m)	capotă (f)	[ka'potə]
guarda-lamas (m)	aripă (f)	[a'ripə]
tejadilho (m)	acoperiş (n)	[akope'riʃ]
para-brisa (m)	parbriz (n)	[par'briz]
espelho (m) retrovisor	oglindă (f) retrovizoare	[og'lində retrovizo'are]
lavador (m)	ştergător (n)	[ʃtergə'tor]
limpa-para-brisas (m)	ştergător (n) de parbriz	[ʃtergə'tor de par'briz]
vidro (m) lateral	fereastră (f) laterală	[fe'rʲastrə late'ralə]
elevador (m) do vidro	macara (f) de geam	[maka'ra de dʒʲam]
antena (f)	antenă (f)	[an'tenə]
teto solar (m)	trapă (f)	['trapə]
para-choques (m pl)	amortizor (n)	[amorti'zor]
bagageira (f)	portbagaj (n)	[portba'gaʒ]
porta (f)	portieră (f)	[por'tjerə]
maçaneta (f)	mâner (n)	[mɨ'ner]
fechadura (f)	încuietoare (f)	[ɨnkueto'are]
matrícula (f)	număr (n)	['numər]
silenciador (m)	tobă (f)	['tobə]

tanque (m) de gasolina	rezervor (n) de benzină	[rezer'vor de ben'zinə]
tubo (m) de escape	ţeavă (f) de eşapament	['tsʲavə de eʃapa'ment]
acelerador (m)	gaz (n)	[gaz]
pedal (m)	pedală (f)	[pe'dalə]
pedal (m) do acelerador	pedală (f) de acceleraţie	[pe'dalə de aktʃele'ratsie]
travão (m)	frână (f)	['frinə]
pedal (m) do travão	pedală (f) de frână	[pe'dalə de 'frinə]
travar (vt)	a frâna	[a fri'na]
travão (m) de mão	frână (f) de staţionare	['frinə de statsio'nare]
embraiagem (f)	ambreiaj (n)	[ambre'jaʒ]
pedal (m) da embraiagem	pedală (f) de ambreiaj	[pe'dalə de ambre'jaʒ]
disco (m) de embraiagem	disc (n) de ambreiaj	['disk de ambre'jaʒ]
amortecedor (m)	amortizor (n)	[amorti'zor]
roda (f)	roată (f)	[ro'atə]
pneu (m) sobresselente	roată (f) de rezervă	[ro'atə de re'zervə]
tampão (m) de roda	capac (n)	[ka'pak]
rodas (f pl) motrizes	roţi (f pl) de tracţiune	['rotsʲ de traktsi'une]
de tração dianteira	tracţiune (f) frontală	[traktsi'une fron'talə]
de tração traseira	tracţiune (f) spate	[traktsi'une 'spate]
de tração às 4 rodas	tracţiune (f) integrală	[traktsi'une inte'gralə]
caixa (f) de mudanças	cutie (f) de viteză	[ku'tie de vi'tezə]
automático	automat	[auto'mat]
mecânico	mecanic	[me'kanik]
alavanca (f) das mudanças	manetă (f) de viteze	[ma'netə de vi'teze]
farol (m)	far (n)	[far]
faróis, luzes	faruri (n pl)	['farurʲ]
médios (m pl)	fază (f) mică	['fazə 'mikə]
máximos (m pl)	fază (f) mare	['fazə 'mare]
luzes (f pl) de stop	semnal (n) de oprire	[sem'nal de o'prire]
mínimos (m pl)	semn (n) de gabarit	[semn de gaba'rit]
luzes (f pl) de emergência	lumini (f) de avarie	[lu'minʲ de a'varie]
faróis (m pl) antinevoeiro	faruri (n pl) anticeaţă	['farurʲ anti'tʃatsə]
pisca-pisca (m)	mecanism (n) de direcţie	[meka'nism de di'rektsie]
luz (f) de marcha atrás	marşarier (n)	[marʃari'er]

148. Carros. Habitáculo

interior (m) do carro	interior (n)	[inte'rjor]
de couro, de pele	de piele	[de 'pjele]
de veludo	de catifea	[de kati'fʲa]
estofos (m pl)	tapiţare (f)	[tapi'tsare]
indicador (m)	dispozitiv (n)	[dispozi'tiv]
painel (m) de instrumentos	panou (n) de comandă	[pa'nou de ko'mandə]
velocímetro (m)	vitezometru (n)	[vitezo'metru]

ponteiro (m)	ac (n)	[ak]
conta-quilómetros (m)	contor (n)	[kon'tor]
sensor (m)	indicator (n)	[indika'tor]
nível (m)	nivel (n)	[ni'vel]
luz (f) avisadora	bec (n)	[bek]

volante (m)	volan (n)	[vo'lan]
buzina (f)	claxon (n)	[klak'son]
botão (m)	buton (n)	[bu'ton]
interruptor (m)	schimbător (n) de viteză	[skimbə'tor de vi'tezə]

assento (m)	scaun (n)	['skaun]
costas (f pl) do assento	spătar (n)	[spə'tar]
cabeceira (f)	tetieră (f)	[te'tjerə]
cinto (m) de segurança	centură (f) de siguranță	[ʧen'turə de sigu'rantsə]
apertar o cinto	a pune centura de siguranță	[a 'pune ʧen'tura de sigu'rantsə]
regulação (f)	reglare (f)	[re'glare]

airbag (m)	airbag (n)	['erbeg]
ar (m) condicionado	aer (n) condiționat	['aer konditsio'nat]

rádio (m)	radio (n)	['radio]
leitor (m) de CD	CD player (n)	[si'di 'pleer]
ligar (vt)	a deschide	[a des'kide]
antena (f)	antenă (f)	[an'tenə]
porta-luvas (m)	torpedou (m)	[torpe'dou]
cinzeiro (m)	scrumieră (f)	[skru'mjerə]

149. Carros. Motor

motor (m)	motor (n)	[mo'tor]
diesel	diesel	['dizel]
a gasolina	pe benzină	[pe ben'zinə]

cilindrada (f)	capacitatea (n) motorului	[kapaʧi'tatʲa mo'toruluj]
potência (f)	putere (f)	[pu'tere]
cavalo-vapor (m)	cal-putere (m)	[kal pu'tere]
pistão (m)	piston (m)	[pis'ton]
cilindro (m)	cilindru (m)	[ʧi'lindru]
válvula (f)	supapă (f)	[su'papə]

injetor (m)	injector (n)	[inʒek'tor]
gerador (m)	generator (n)	[dʒenera'tor]
carburador (m)	carburator (n)	[karbura'tor]
óleo (m) para motor	ulei (n) pentru motor	[u'lej 'pentru mo'tor]

radiador (m)	radiator (n)	[radia'tor]
refrigerante (m)	antigel (n)	[anti'dʒel]
ventilador (m)	ventilator (n)	[ventila'tor]

bateria (f)	acumulator (n)	[akumula'tor]
dispositivo (m) de arranque	demaror (n)	[dema'ror]
ignição (f)	aprindere (f)	[a'prindere]

vela (f) de ignição	bujie (f) de aprindere	[bu'ʒie de a'prindere]
borne (m)	bornă (f)	['bornə]
borne (m) positivo	plus (n)	[plus]
borne (m) negativo	minus (m)	['minus]
fusível (m)	siguranţă (f)	[sigu'rantsə]

filtro (m) de ar	filtru (n) de aer	['filtru de 'aer]
filtro (m) de óleo	filtru (n) pentru ulei	['filtru 'pentru u'lej]
filtro (m) de combustível	filtru (n) pentru combustibil	['filtru 'pentru kombus'tibil]

150. Carros. Batidas. Reparação

acidente (m) de carro	accident (n)	[aktʃi'dent]
acidente (m) rodoviário	accident (n) rutier	[aktʃi'dent ru'tjer]
ir contra ...	a se tampona	[a se tampo'na]
sofrer um acidente	a se sparge	[a se 'spardʒe]
danos (m pl)	avariere (f)	[ava'rjere]
intato	întreg	[in'treg]

avaria (no motor, etc.)	pană (f)	['panə]
avariar (vi)	a se strica	[a se stri'ka]
cabo (m) de reboque	cablu (n) de remorcaj	['kablu de remor'kaʒ]

furo (m)	găurire (f)	[gəu'rire]
estar furado	a se dezumfla	[a se dezum'fla]
encher (vt)	a pompa	[a pom'pa]
pressão (f)	presiune (f)	[presi'une]
verificar (vt)	a verifica	[a verifi'ka]

reparação (f)	reparaţie (f)	[repa'ratsie]
oficina (f)	service (n) auto	['servis 'auto]
de reparação de carros		
peça (f) sobresselente	detalii (f pl)	[de'talij]
peça (f)	detaliu (n)	[de'talju]

parafuso (m)	şurub (n)	[ʃu'rub]
parafuso (m)	şurub (n)	[ʃu'rub]
porca (f)	piuliţă (f)	[pju'litsə]
anilha (f)	şaibă (f)	['ʃajbə]
rolamento (m)	rulment (m)	[rul'ment]

tubo (m)	tub (n)	[tub]
junta (f)	garnitură (f)	[garni'turə]
fio, cabo (m)	cablu (n)	['kablu]

macaco (m)	cric (n)	[krik]
chave (f) de boca	cheie (f) fixă	['kee 'fiksə]
martelo (m)	ciocan (n)	[tʃio'kan]
bomba (f)	pompă (f)	['pompə]
chave (f) de fendas	şurubelniţă (f)	[ʃuru'belnitsə]

extintor (m)	stingător (n)	[stingə'tor]
triângulo (m) de emergência	semn (n) de avarie	[semn de a'varie]
parar (vi) (motor)	a se opri	[a se o'pri]

| paragem (f) | oprire (f) | [o'prire] |
| estar quebrado | a fi stricat | [a fi stri'kat] |

superaquecer-se (vr)	a se încălzi	[a se ink<əl'zi]
entupir-se (vr)	a se înfunda	[a se infun'da]
congelar-se (vr)	a îngheța	[a inge'tsa]
rebentar (vi)	a crăpa	[a krə'pa]

pressão (f)	presiune (f)	[presi'une]
nível (m)	nivel (n)	[ni'vel]
frouxo	scăzut	[skə'zut]

mossa (f)	îndoitură (f)	[indoi'turə]
ruído (m)	lovitură (f)	[lovi'turə]
fissura (f)	crăpătură (f)	[krəpə'turə]
arranhão (m)	zgârietură (f)	[zgirie'turə]

151. Carros. Estrada

estrada (f)	drum (n)	[drum]
autoestrada (f)	autostradă (f)	[auto'stradə]
rodovia (f)	şosea (f)	[ʃo'sʲa]
direção (f)	direcție (f)	[di'rektsie]
distância (f)	distanță (f)	[dis'tantsə]

ponte (f)	pod (n)	[pod]
parque (m) de estacionamento	loc (n) de parcare	[lok de par'kare]
praça (f)	piață (f)	['pjatsə]
nó (m) rodoviário	răscruce (f)	[rəs'krutʃe]
túnel (m)	tunel (n)	[tu'nel]

posto (m) de gasolina	benzinărie (f)	[benzinə'rie]
parque (m) de estacionamento	parcare (f)	[par'kare]
bomba (f) de gasolina	stație (f) de benzină	['statsie de ben'zinə]
oficina (f) de reparação de carros	garaj (n)	[ga'raʒ]
abastecer (vt)	a alimenta	[a alimen'ta]
combustível (m)	combustibil (m)	[kombus'tibil]
bidão (m) de gasolina	canistră (f)	[ka'nistrə]

asfalto (m)	asfalt (n)	[as'falt]
marcação (f) de estradas	marcare (f)	[mar'kare]
lancil (m)	bordură (f)	[bor'durə]
proteção (f) guard-rail	îngrădire (f)	[ingrə'dire]
valeta (f)	şanț (n) de scurgere	[ʃants de 'skurdʒere]
berma (f) da estrada	margine (f)	['mardʒine]
poste (m) de luz	stâlp (m)	[stilp]

conduzir, guiar (vt)	a conduce	[a kon'dutʃe]
virar (ex. ~ à direita)	a întoarce	[a into'artʃe]
dar retorno	a vira	[a vi'ra]
marcha-atrás (f)	mers (n) înapoi	['mers ina'poj]
buzinar (vi)	a semnaliza	[a semnali'za]
buzina (f)	semnal (n) acustic	[sem'nal a'kustik]

atolar-se (vr)	a se împotmoli	[a se impotmo'li]
patinar (na lama)	a remorca	[a remor'ka]
desligar (vt)	a opri	[a op'ri]

velocidade (f)	viteză (f)	[vi'tezə]
exceder a velocidade	a depăşi viteza	[a depə'ʃi vi'teza]
multar (vt)	a amenda	[a amen'da]
semáforo (m)	semafor (n)	[sema'for]
carta (f) de condução	permis (n) de conducere	[per'mis de kon'dutʃere]

passagem (f) de nível	traversare (f)	[traver'sare]
cruzamento (m)	intersecţie (f)	[inter'sektsie]
passadeira (f)	trecere (f) de pietoni	['tretʃere de pie'tonʲ]
curva (f)	curbă (f)	['kurbə]
zona (f) pedonal	zonă (f) pentru pietoni	['zonə 'pentru pie'tonʲ]

PESSOAS. EVENTOS

Eventos

152. Férias. Evento

festa (f)	sărbătoare (f)	[sərbəto'are]
festa (f) nacional	sărbătoare (f) naţională	[sərbəto'are natsio'nalə]
feriado (m)	zi (f) de sărbătoare	[zi de sərbəto'are]
festejar (vt)	a sărbători	[a sərbəto'ri]
evento (festa, etc.)	eveniment (n)	[eveni'ment]
evento (banquete, etc.)	manifestare (f)	[manifes'tare]
banquete (m)	banchet (n)	[ban'ket]
receção (f)	recepţie (f)	[re'tʃeptsie]
festim (m)	ospăţ (n)	[os'pəts]
aniversário (m)	aniversare (f)	[aniver'sare]
jubileu (m)	jubileu (n)	[ʒubi'leu]
celebrar (vt)	a sărbători	[a sərbəto'ri]
Ano (m) Novo	Anul (m) Nou	['anul 'nou]
Feliz Ano Novo!	La Mulţi Ani!	[la 'mults' an']
Natal (m)	Crăciun (n)	[krə'tʃiun]
Feliz Natal!	Crăciun Fericit!	[krə'tʃiun feri'tʃit]
árvore (f) de Natal	pom (m) de Crăciun	[pom de krə'tʃiun]
fogo (m) de artifício	artificii (n)	[arti'fitʃij]
boda (f)	nuntă (f)	['nuntə]
noivo (m)	mire (m)	['mire]
noiva (f)	mireasă (f)	[mi'r'asə]
convidar (vt)	a invita	[a invi'ta]
convite (m)	invitaţie (f)	[invi'tatsie]
convidado (m)	oaspete (m)	[o'aspete]
visitar (vt)	a merge în ospeţie	[a 'merdʒe in ospe'tsie]
receber os hóspedes	a întâmpina oaspeţii	[a intimpi'na o'aspetsij]
presente (m)	cadou (n)	[ka'dou]
oferecer (vt)	a dărui	[a dəru'i]
receber presentes	a primi cadouri	[a pri'mi ka'dour']
ramo (m) de flores	buchet (n)	[bu'ket]
felicitações (f pl)	urare (f)	[u'rare]
felicitar (dar os parabéns)	a felicita	[a felitʃi'ta]
cartão (m) de parabéns	felicitare (f)	[felitʃi'tare]
enviar um postal	a expedia o felicitare	[a ekspedi'ja o felitʃi'tare]

receber um postal	a primi o felicitare	[a pri'mi o felitʃi'tare]
brinde (m)	toast (n)	[tost]
oferecer (vt)	a servi	[a ser'vi]
champanhe (m)	şampanie (f)	[ʃam'panie]

divertir-se (vr)	a se veseli	[a se vese'li]
diversão (f)	veselie (f)	[vese'lie]
alegria (f)	bucurie (f)	[buku'rie]

| dança (f) | dans (n) | [dans] |
| dançar (vi) | a dansa | [a dan'sa] |

| valsa (f) | vals (n) | [vals] |
| tango (m) | tangou (n) | [tan'gou] |

153. Funerais. Enterro

cemitério (m)	cimitir (n)	[tʃimi'tir]
sepultura (f), túmulo (m)	mormânt (n)	[mor'mint]
cruz (f)	cruce (f)	['krutʃe]
lápide (f)	piatră funerară (n)	['pjatrə fune'rarə]
cerca (f)	gard (n)	[gard]
capela (f)	capelă (f)	[ka'pelə]

morte (f)	moarte (f)	[mo'arte]
morrer (vi)	a muri	[a mu'ri]
defunto (m)	mort (m)	[mort]
luto (m)	doliu (n)	['dolju]

enterrar, sepultar (vt)	a îngropa	[a ingro'pa]
agência (f) funerária	pompe (f pl) funebre	['pompe fu'nebre]
funeral (m)	înmormântare (f)	[inmormin'tare]

coroa (f) de flores	cunună (f)	[ku'nunə]
caixão (m)	sicriu (n)	[si'kriu]
carro (m) funerário	dric (n)	[drik]
mortalha (f)	giulgiu (n)	['dʒiuldʒiu]

| urna (f) funerária | urnă (f) funerară | ['urnə fune'rarə] |
| crematório (m) | crematoriu (n) | [krema'torju] |

obituário (m), necrologia (f)	necrolog (m)	[nekro'log]
chorar (vi)	a plânge	[a 'plindʒe]
soluçar (vi)	a plânge în hohote	[a 'plindʒe in 'hohote]

154. Guerra. Soldados

pelotão (m)	pluton (n)	[plu'ton]
companhia (f)	companie (f)	[kompa'nie]
regimento (m)	regiment (n)	[redʒi'ment]
exército (m)	armată (f)	[ar'matə]
divisão (f)	divizie (f)	[di'vizie]

destacamento (m)	detaşament (n)	[detaʃa'ment]
hoste (f)	armată (f)	[ar'matə]
soldado (m)	soldat (m)	[sol'dat]
oficial (m)	ofiţer (m)	[ofi'tser]
soldado (m) raso	soldat (m)	[sol'dat]
sargento (m)	sergent (m)	[ser'dʒent]
tenente (m)	locotenent (m)	[lokote'nent]
capitão (m)	căpitan (m)	[kəpi'tan]
major (m)	maior (m)	[ma'jor]
coronel (m)	colonel (m)	[kolo'nel]
general (m)	general (m)	[dʒene'ral]
marujo (m)	marinar (m)	[mari'nar]
capitão (m)	căpitan (m)	[kəpi'tan]
contramestre (m)	şef (m) de echipaj	[ʃef de eki'paʒ]
artilheiro (m)	artilerist (m)	[artile'rist]
soldado (m) paraquedista	paraşutist (m)	[paraʃu'tist]
piloto (m)	pilot (m)	[pi'lot]
navegador (m)	navigator (m)	[naviga'tor]
mecânico (m)	mecanic (m)	[me'kanik]
sapador (m)	genist (m)	[dʒe'nist]
paraquedista (m)	paraşutist (m)	[paraʃu'tist]
explorador (m)	cercetaş (m)	[tʃertʃe'taʃ]
franco-atirador (m)	lunetist (m)	[lune'tist]
patrulha (f)	patrulă (f)	[pa'trulə]
patrulhar (vt)	a patrula	[a patru'la]
sentinela (f)	santinelă (f)	[santi'nelə]
guerreiro (m)	ostaş (m)	[os'taʃ]
patriota (m)	patriot (m)	[patri'ot]
herói (m)	erou (m)	[e'rou]
heroína (f)	eroină (f)	[ero'inə]
traidor (m)	trădător (m)	[trədə'tor]
desertor (m)	dezertor (m)	[dezer'tor]
desertar (vt)	a dezerta	[a dezer'ta]
mercenário (m)	mercenar (m)	[mertʃe'nar]
recruta (m)	recrut (m)	[re'krut]
voluntário (m)	voluntar (m)	[volun'tar]
morto (m)	ucis (m)	[u'tʃis]
ferido (m)	rănit (m)	[rə'nit]
prisioneiro (m) de guerra	prizonier (m)	[prizo'njer]

155. Guerra. Ações militares. Parte 1

guerra (f)	război (n)	[rəz'boj]
guerrear (vt)	a lupta	[a lup'ta]

guerra (f) civil	război (n) civil	[rəz'boj ʧi'vil]
perfidamente	în mod perfid	[in mod per'fid]
declaração (f) de guerra	declarare (f)	[dekla'rare]
declarar (vt) guerra	a declara	[a dekla'ra]
agressão (f)	agresiune (f)	[agresi'une]
atacar (vt)	a ataca	[a ata'ka]

invadir (vt)	a captura	[a kaptu'ra]
invasor (m)	cotropitor (m)	[kotropi'tor]
conquistador (m)	cuceritor (m)	[kuʧeri'tor]

defesa (f)	apărare (f)	[apə'rare]
defender (vt)	a apăra	[a apə'ra]
defender-se (vr)	a se apăra	[a se apə'ra]

inimigo (m)	duşman (m)	[duʃ'man]
adversário (m)	adversar (m)	[adver'sar]
inimigo	duşmănos	[duʃmə'nos]

estratégia (f)	strategie (f)	[strate'dʒie]
tática (f)	tactică (f)	['taktikə]

ordem (f)	ordin (n)	['ordin]
comando (m)	comandă (f)	[ko'mandə]
ordenar (vt)	a ordona	[a ordo'na]
missão (f)	misiune (f)	[misi'une]
secreto	secret	[se'kret]

batalha (f)	bătălie (f)	[bətə'lie]
combate (m)	luptă (f)	['luptə]

ataque (m)	atac (n)	[a'tak]
assalto (m)	asalt (n)	[a'salt]
assaltar (vt)	a asalta	[a asal'ta]
assédio, sítio (m)	asediu (n)	[a'sedju]

ofensiva (f)	atac (n)	[a'tak]
passar à ofensiva	a ataca	[a ata'ka]

retirada (f)	retragere (f)	[re'tradʒere]
retirar-se (vr)	a se retrage	[a se re'tradʒe]

cerco (m)	încercuire (f)	[inʧerku'ire]
cercar (vt)	a încercui	[a inʧerku'i]

bombardeio (m)	bombardament (n)	[bombarda'ment]
lançar uma bomba	a arunca o bombă	[a arun'ka o 'bombə]
bombardear (vt)	a bombarda	[a bombar'da]
explosão (f)	explozie (f)	[eks'plozie]

tiro (m)	împuşcătură (f)	[impuʃkə'turə]
disparar um tiro	a împuşca	[a impuʃ'ka]
tiroteio (m)	foc (n)	[fok]

apontar para ...	a ţinti	[a tsin'ti]
apontar (vt)	a îndrepta	[a indrep'ta]

acertar (vt)	a nimeri	[a nime'ri]
afundar (um navio)	a scufunda	[a skufun'da]
brecha (f)	gaură (f)	['gaurə]
afundar-se (vr)	a se scufunda	[a se skufun'da]
frente (m)	front (n)	[front]
evacuação (f)	evacuare (f)	[evaku'are]
evacuar (vt)	a evacua	[a evaku'a]
trincheira (f)	tranşee (f)	[tran'ʃee]
arame (m) farpado	sârmă (f) ghimpată	['sîrmə gim'patə]
obstáculo (m) anticarro	îngrădire (f)	[îngrə'dire]
torre (f) de vigia	turlă (f)	['turlə]
hospital (m)	spital (n)	[spi'tal]
ferir (vt)	a răni	[a rə'ni]
ferida (f)	rană (f)	['ranə]
ferido (m)	rănit (m)	[rə'nit]
ficar ferido	a fi rănit	[a fi rə'nit]
grave (ferida ~)	serios	[se'rjos]

156. Armas

arma (f)	armă (f)	['armə]
arma (f) de fogo	armă (f) de foc	['armə de fok]
arma (f) branca	armă (f) albă	['armə 'albə]
arma (f) química	armă (f) chimică	['armə 'kimikə]
nuclear	nuclear	[nukle'ar]
arma (f) nuclear	armă (f) nucleară	['armə nukle'arə]
bomba (f)	bombă (f)	['bombə]
bomba (f) atómica	bombă (f) atomică	['bombə a'tomikə]
pistola (f)	pistol (n)	[pis'tol]
caçadeira (f)	armă (f)	['armə]
pistola-metralhadora (f)	automat (n)	[auto'mat]
metralhadora (f)	mitralieră (f)	[mitra'ljerə]
boca (f)	gură (f)	['gurə]
cano (m)	ţeavă (f)	['ʦʲavə]
calibre (m)	calibru (n)	[ka'libru]
gatilho (m)	cocoş (m)	[ko'koʃ]
mira (f)	înălţător (n)	[inəlʦə'tor]
carregador (m)	magazie (f)	[maga'zie]
coronha (f)	patul (n) de puşcă	['patul de 'puʃka]
granada (f) de mão	grenadă (f)	[gre'nadə]
explosivo (m)	exploziv (n)	[eksplo'ziv]
bala (f)	glonţ (n)	[glonʦ]
cartucho (m)	cartuş (n)	[kar'tuʃ]
carga (f)	încărcătură (f)	[inkərkə'turə]

munições (f pl)	muniții (f pl)	[mu'nitsij]
bombardeiro (m)	bombardier (n)	[bombar'djer]
avião (m) de caça	distrugător (n)	[distrugǝ'tor]
helicóptero (m)	elicopter (n)	[elikop'ter]

canhão (m) antiaéreo	tun (n) antiaerian	[tun antiaeri'an]
tanque (m)	tanc (n)	[tank]
canhão (de um tanque)	tun (n)	[tun]

artilharia (f)	artilerie (f)	[artile'rie]
fazer a pontaria	a îndrepta	[a indrep'ta]

obus (m)	proiectil (n)	[proek'til]
granada (f) de morteiro	mină (f)	['minǝ]
morteiro (m)	aruncător (n) de mine	[arunkǝ'tor de 'mine]
estilhaço (m)	schijă (f)	['skiʒǝ]

submarino (m)	submarin (n)	[subma'rin]
torpedo (m)	torpilă (f)	[tor'pilǝ]
míssil (m)	rachetă (f)	[ra'ketǝ]

carregar (uma arma)	a încărca	[a inkǝr'ka]
atirar, disparar (vi)	a trage	[a 'tradʒǝ]
apontar para ...	a ținti	[a tsin'ti]
baioneta (f)	baionetă (f)	[bajo'netǝ]

espada (f)	spadă (f)	['spadǝ]
sabre (m)	sabie (f)	['sabie]
lança (f)	suliță (f)	['sulitsǝ]
arco (m)	arc (n)	[ark]
flecha (f)	săgeată (f)	[sǝ'dʒatǝ]
mosquete (m)	flintă (f)	['flintǝ]
besta (f)	arbaletă (f)	[arba'letǝ]

157. Povos da antiguidade

primitivo	primitiv	[primi'tiv]
pré-histórico	preistoric	[preis'torik]
antigo	strǎvechi	[strǝ'veki]

Idade (f) da Pedra	Epoca (f) de piatră	['epoka de 'pjatrǝ]
Idade (f) do Bronze	Epoca (f) de bronz	['epoka de 'bronz]
período (m) glacial	Epoca (f) glaciară	['epoka glatʃi'arǝ]

tribo (f)	trib (n)	[trib]
canibal (m)	canibal (m)	[kani'bal]
caçador (m)	vânător (m)	[vinǝ'tor]
caçar (vi)	a vâna	[a vɨ'na]
mamute (m)	mamut (m)	[ma'mut]

caverna (f)	peşteră (f)	['peʃterǝ]
fogo (m)	foc (n)	[fok]
fogueira (f)	foc (n) de tabără	[fok dǝ ta'bǝrǝ]
pintura (f) rupestre	desen (n) pe piatră	[de'sen pe 'pjatrǝ]

ferramenta (f)	unealtă (f)	[u'nʲaltə]
lança (f)	suliță (f)	['sulitsə]
machado (m) de pedra	topor (n) de piatră	[to'por din 'pjatrə]
guerrear (vt)	a lupta	[a lup'ta]
domesticar (vt)	a domestici	[a domesti'tʃi]

ídolo (m)	idol (m)	['idol]
adorar, venerar (vt)	a se închina	[a se inki'na]
superstição (f)	superstiție (f)	[supers'titsie]

evolução (f)	evoluție (f)	[evo'lutsie]
desenvolvimento (m)	dezvoltare (f)	[dezvol'tare]
desaparecimento (m)	dispariție (f)	[dispa'ritsie]
adaptar-se (vr)	a se acomoda	[a se akomo'da]

arqueologia (f)	arheologie (f)	[arheolo'dʒie]
arqueólogo (m)	arheolog (m)	[arheo'log]
arqueológico	arheologic	[arheo'lodʒik]

local (m) das escavações	săpături (f pl)	[səpə'turʲ]
escavações (f pl)	săpături (f pl)	[səpə'turʲ]
achado (m)	descoperire (f)	[deskope'rire]
fragmento (m)	fragment (n)	[frag'ment]

158. Idade média

povo (m)	popor (n)	[po'por]
povos (m pl)	popoare (n pl)	[popo'are]
tribo (f)	trib (n)	[trib]
tribos (f pl)	triburi (n pl)	['triburʲ]

bárbaros (m pl)	barbari (m pl)	[bar'barʲ]
gauleses (m pl)	gali (m pl)	[galʲ]
godos (m pl)	goți (m pl)	[gotsʲ]
eslavos (m pl)	slavi (m pl)	[slavʲ]
víquingues (m pl)	vikingi (m pl)	['vikindʒʲ]

| romanos (m pl) | romani (m pl) | [ro'manʲ] |
| romano | roman | [ro'man] |

bizantinos (m pl)	bizantinieni (m pl)	[bizantini'enʲ]
Bizâncio	Imperiul (n) Bizantin	[im'perjul bizan'tin]
bizantino	bizantin	[bizan'tin]

imperador (m)	împărat (m)	[impə'rat]
líder (m)	căpetenie (f)	[kəpe'tenie]
poderoso	puternic	[pu'ternik]
rei (m)	rege (m)	['redʒe]
governante (m)	conducător (m)	[kondukə'tor]

cavaleiro (m)	cavaler (m)	[kava'ler]
senhor feudal (m)	feudal (m)	[feu'dal]
feudal	feudal	[feu'dal]
vassalo (m)	vasal (m)	[va'sal]

145

duque (m)	duce (m)	['duʧe]
conde (m)	conte (m)	['konte]
barão (m)	baron (m)	[ba'ron]
bispo (m)	episcop (m)	[e'piskop]

armadura (f)	armură (f)	[ar'murə]
escudo (m)	scut (n)	[skut]
espada (f)	sabie (f)	['sabie]
viseira (f)	vizieră (f)	[vi'zjerə]
cota (f) de malha	zale (f pl)	['zale]

cruzada (f)	cruciadă (f)	[kruʧi'adə]
cruzado (m)	cruciat (m)	[kruʧi'at]

território (m)	teritoriu (n)	[teri'torju]
atacar (vt)	a ataca	[a ata'ka]
conquistar (vt)	a cuceri	[a kuʧe'ri]
ocupar, invadir (vt)	a cotropi	[a kotro'pi]

assédio, sítio (m)	asediu (n)	[a'sedju]
sitiado	asediat (m)	[asedi'at]
assediar, sitiar (vt)	a asedia	[a asedi'a]

inquisição (f)	inchiziție (f)	[inki'zitsie]
inquisidor (m)	inchizitor (m)	[inkizi'tor]
tortura (f)	tortură (f)	[tor'turə]
cruel	crud	[krud]
herege (m)	eretic (m)	[e'retik]
heresia (f)	erezie (f)	[ere'zie]

navegação (f) marítima	navigație (f) maritimă	[navi'gatsie ma'ritime]
pirata (m)	pirat (m)	[pi'rat]
pirataria (f)	piraterie (f)	[pirate'rie]
abordagem (f)	abordaj (n)	[abor'daʒ]
presa (f), butim (m)	captură (f)	[kap'turə]
tesouros (m pl)	comoară (f)	[komo'arə]

descobrimento (m)	descoperire (f)	[deskope'rire]
descobrir (novas terras)	a descoperi	[a deskope'ri]
expedição (f)	expediție (f)	[ekspe'ditsie]

mosqueteiro (m)	muşchetar (m)	[muʃke'tar]
cardeal (m)	cardinal (m)	[kardi'nal]
heráldica (f)	heraldică (f)	[he'raldikə]
heráldico	heraldic	[he'raldik]

159. Líder. Chefe. Autoridades

rei (m)	rege (m)	['redʒe]
rainha (f)	regină (f)	[re'dʒinə]
real	regal	[re'gal]
reino (m)	regat (n)	[re'gat]
príncipe (m)	prinț (m)	[prints]
princesa (f)	prințesă (f)	[prin'tsesə]

presidente (m)	preşedinte (m)	[preʃə'dinte]
vice-presidente (m)	vice-preşedinte (m)	['vitʃe preʃə'dinte]
senador (m)	senator (m)	[sena'tor]

monarca (m)	monarh (m)	[mo'narh]
governante (m)	conducător (m)	[kondukə'tor]
ditador (m)	dictator (m)	[dikta'tor]
tirano (m)	tiran (m)	[ti'ran]
magnata (m)	magnat (m)	[mag'nat]

diretor (m)	director (m)	[di'rektor]
chefe (m)	şef (m)	[ʃef]
dirigente (m)	manager (m)	['menedʒə]
patrão (m)	boss (m)	[bos]
dono (m)	patron (m)	[pa'tron]

chefe (~ de delegação)	şef (m)	[ʃef]
autoridades (f pl)	autorităţi (f pl)	[autoritətsʲ]
superiores (m pl)	conducere (f)	[kon'dutʃere]

governador (m)	guvernator (m)	[guverna'tor]
cônsul (m)	consul (m)	['konsul]
diplomata (m)	diplomat (m)	[diplo'mat]
Presidente (m) da Câmara	primar (m)	[pri'mar]
xerife (m)	şerif (m)	[ʃə'rif]

imperador (m)	împărat (m)	[impə'rat]
czar (m)	ţar (m)	[tsar]
faraó (m)	faraon (m)	[fara'on]
cã (m)	han (m)	[han]

160. Viloação da lei. Criminosos. Parte 1

bandido (m)	bandit (m)	[ban'dit]
crime (m)	crimă (f)	['krimə]
criminoso (m)	criminal (m)	[krimi'nal]

ladrão (m)	hoţ (m)	[hots]
roubar (vt)	a fura	[a fu'ra]
furto (m)	hoţie (f)	[ho'tsie]
furto (m)	furt (n)	[furt]

raptar (ex. ~ uma criança)	a răpi	[a rə'pi]
rapto (m)	răpire (f)	[rə'pire]
raptor (m)	răpitor (m)	[rəpi'tor]

| resgate (m) | răscumpărare (f) | [rəskumpə'rare] |
| pedir resgate | a cere răscumpărare | [a 'tʃere rəskumpə'rare] |

roubar (vt)	a jefui	[a ʒefu'i]
assalto, roubo (m)	jaf (n)	[ʒaf]
assaltante (m)	jefuitor (m)	[ʒefui'tor]
extorquir (vt)	a escroca	[a eskro'ka]
extorsionário (m)	escroc (m)	[es'krok]

extorsão (f)	escrocherie (f)	[eskroke'rie]
matar, assassinar (vt)	a ucide	[a u'ʧide]
homicídio (m)	asasinat (n)	[asasi'nat]
homicida, assassino (m)	asasin (m)	[asa'sin]

tiro (m)	împuşcătură (f)	[impuʃkə'turə]
dar um tiro	a împuşca	[a impuʃ'ka]
matar a tiro	a împuşca	[a impuʃ'ka]
atirar, disparar (vi)	a trage	[a 'tradʒə]
tiroteio (m)	focuri (n) de armă	['fokurʲ de 'armə]

incidente (m)	întâmplare (f)	[intim'plare]
briga (~ de rua)	bătaie (f)	[bə'tae]
vítima (f)	jertfă (f)	['ʒertfə]

danificar (vt)	a prejudicia	[a preʒudiʧi'a]
dano (m)	daună (f)	['daunə]
cadáver (m)	cadavru (n)	[ka'davru]
grave	grav	[grav]

atacar (vt)	a ataca	[a ata'ka]
bater (espancar)	a bate	[a 'bate]
espancar (vt)	a snopi în bătăi	[a sno'pi in bətəj]
tirar, roubar (dinheiro)	a lua	[a lu'a]
esfaquear (vt)	a înjunghia	[a inʒungi'ja]
mutilar (vt)	a schilodi	[a skilo'di]
ferir (vt)	a răni	[a rə'ni]

chantagem (f)	şantaj (n)	[ʃan'taʒ]
chantagear (vt)	a şantaja	[a ʃanta'ʒa]
chantagista (m)	şantajist (m)	[ʃanta'ʒist]

extorsão (em troca de proteção)	banditism (n)	[bandi'tizm]
extorsionário (m)	bandit (m)	[ban'dit]
gângster (m)	gangster (m)	['gangster]
máfia (f)	mafie (f)	['mafie]

carteirista (m)	hoţ (m) de buzunare	[hots de buzu'nare]
assaltante, ladrão (m)	spărgător (m)	[spərgə'tor]
contrabando (m)	contrabandă (f)	[kontra'bandə]
contrabandista (m)	contrabandist (m)	[kontraban'dist]

falsificação (f)	falsificare (f)	[falsifi'kare]
falsificar (vt)	a falsifica	[a falsifi'ka]
falsificado	fals	[fals]

161. Viloação da lei. Criminosos. Parte 2

violação (f)	viol (n)	[vi'ol]
violar (vt)	a viola	[a vio'la]
violador (m)	violator (m)	[viola'tor]
maníaco (m)	maniac (m)	[mani'ak]
prostituta (f)	prostituată (f)	[prostitu'atə]

| prostituição (f) | prostituție (f) | [prosti'tutsie] |
| chulo (m) | proxenet (m) | [prokse'net] |

| toxicodependente (m) | narcoman (m) | [narko'man] |
| traficante (m) | vânzător (m) de droguri | [vinzə'tor de 'droguri] |

| explodir (vt) | a arunca în aer | [a arun'ka in 'aer] |
| explosão (f) | explozie (f) | [eks'plozie] |

| incendiar (vt) | a incendia | [a intʃendi'a] |
| incendiário (m) | incendiator (m) | [intʃendia'tor] |

terrorismo (m)	terorism (n)	[tero'rism]
terrorista (m)	terorist (m)	[tero'rist]
refém (m)	ostatic (m)	[os'tatik]

enganar (vt)	a înșela	[a inʃə'la]
engano (m)	înșelăciune (f)	[inʃələ'tʃiune]
vigarista (m)	șarlatan (m)	[ʃarla'tan]

subornar (vt)	a mitui	[a mitu'i]
suborno (atividade)	mituire (f)	[mitu'ire]
suborno (dinheiro)	mită (f)	['mitə]

veneno (m)	otravă (f)	[o'travə]
envenenar (vt)	a otrăvi	[a otrə'vi]
envenenar-se (vr)	a se otrăvi	[a se otrə'vi]

| suicídio (m) | sinucidere (f) | [sinu'tʃidere] |
| suicida (m) | sinucigaș (m) | [sinutʃi'gaʃ] |

| ameaçar (vt) | a ameninţa | [a amenin'tsa] |
| ameaça (f) | ameninţare (f) | [amenin'tsare] |

| atentar contra a vida de ... | a atenta la | [a aten'ta la] |
| atentado (m) | atentat (n) | [aten'tat] |

| roubar (o carro) | a goni | [a go'ni] |
| desviar (o avião) | a goni | [a go'ni] |

| vingança (f) | răzbunare (f) | [rəzbu'nare] |
| vingar (vt) | a răzbuna | [a rəzbu'na] |

torturar (vt)	a tortura	[a tortu'ra]
tortura (f)	tortură (f)	[tor'turə]
atormentar (vt)	a chinui	[a kinu'i]

| pirata (m) | pirat (m) | [pi'rat] |
| desordeiro (m) | huligan (m) | [huli'gan] |

| armado | înarmat | [inar'mat] |
| violência (f) | violenţă (f) | [vio'lentsə] |

| espionagem (f) | spionaj (n) | [spio'naʒ] |
| espionar (vi) | a spiona | [a spio'na] |

162. Polícia. Lei. Parte 1

justiça (f)	justiție (f)	[ʒus'titsie]
tribunal (m)	curte (f)	['kurte]
juiz (m)	judecător (m)	[ʒudekə'tor]
jurados (m pl)	jurați (m pl)	[ʒu'ratsʲ]
tribunal (m) do júri	curte (f) de jurați	['kurte de ʒu'ratsʲ]
julgar (vt)	a judeca	[a ʒude'ka]
advogado (m)	avocat (m)	[avo'kat]
réu (m)	acuzat (m)	[aku'zat]
banco (m) dos réus	banca (f) acuzaților	['banka aku'zatsilor]
acusação (f)	învinuire (f)	[ɨnvinu'ire]
acusado (m)	învinuit (m)	[ɨnvinu'it]
sentença (f)	verdict (n)	[ver'dikt]
sentenciar (vt)	a condamna	[a kondam'na]
culpado (m)	vinovat (m)	[vino'vat]
punir (vt)	a pedepsi	[a pedep'si]
punição (f)	pedeapsă (f)	[pe'dʲapsə]
multa (f)	amendă (f)	[a'mendə]
prisão (f) perpétua	închisoare (f) pe viață	[inkiso'are pe 'vjatsə]
pena (f) de morte	pedeapsă (f) capitală	[pe'dʲapsə kapi'talə]
cadeira (f) elétrica	scaun (n) electric	['skaun e'lektrik]
forca (f)	spânzurătoare (f)	[spɨnzurəto'are]
executar (vt)	a executa	[a egzeku'ta]
execução (f)	execuție (f)	[egze'kutsie]
prisão (f)	închisoare (f)	[inkiso'are]
cela (f) de prisão	cameră (f)	['kamerə]
escolta (f)	convoi (n)	[kon'voj]
guarda (m) prisional	paznic (m)	['paznik]
preso (m)	arestat (m)	[ares'tat]
algemas (f pl)	cătușe (f pl)	[kə'tuʃə]
algemar (vt)	a pune cătușele	[a 'pune kə'tuʃəle]
fuga, evasão (f)	evadare (f)	[eva'dare]
fugir (vi)	a evada	[a eva'da]
desaparecer (vi)	a dispărea	[a dispə'rʲa]
soltar, libertar (vt)	a elibera	[a elibe'ra]
amnistia (f)	amnistie (f)	[am'nistie]
polícia (instituição)	poliție (f)	[po'litsie]
polícia (m)	polițist (m)	[poli'tsist]
esquadra (f) de polícia	secție (f) de poliție	['sektsie de po'litsie]
cassetete (m)	baston (n) de cauciuc	[bas'ton de kau'tʃiuk]
megafone (m)	portavoce (f)	[porta'votʃe]
carro (m) de patrulha	mașină (f) de patrulă	[ma'ʃine de pa'trulə]

sirene (f)	sirenă (f)	[si'renə]
ligar a sirene	a conecta sirena	[a konek'ta si'rena]
toque (m) da sirene	alarma (f) sirenei	[a'larma si'renej]

cena (f) do crime	locul (n) faptei	['lokul 'faptej]
testemunha (f)	martor (m)	['martor]
liberdade (f)	libertate (f)	[liber'tate]
cúmplice (m)	complice (m)	[kom'plitʃe]
escapar (vi)	a se ascunde	[a se as'kunde]
traço (não deixar ~s)	urmă (f)	['urmə]

163. Polícia. Lei. Parte 2

procura (f)	investigație (f)	[investi'gatsie]
procurar (vt)	a căuta	[a kəu'ta]
suspeita (f)	suspiciune (f)	[suspitʃi'une]
suspeito	suspect	[sus'pekt]
parar (vt)	a opri	[a op'ri]
deter (vt)	a reține	[a re'tsine]

caso (criminal)	dosar (n)	[do'sar]
investigação (f)	anchetă (f)	[an'ketə]
detetive (m)	detectiv (m)	[detek'tiv]
investigador (m)	anchetator (m)	[anketa'tor]
versão (f)	versiune (f)	[versi'une]

motivo (m)	motiv (n)	[mo'tiv]
interrogatório (m)	interogatoriu (n)	[interoga'torju]
interrogar (vt)	a interoga	[a intero'ga]
questionar (vt)	a audia	[a audi'a]
verificação (f)	verificare (f)	[verifi'kare]

batida (f) policial	razie (f)	['razie]
busca (f)	percheziție (f)	[perke'zitsie]
perseguição (f)	urmărire (f)	[urmə'rire]
perseguir (vt)	a urmări	[a urmə'ri]
seguir (vt)	a urmări	[a urmə'ri]

prisão (f)	arestare (f)	[ares'tare]
prender (vt)	a aresta	[a ares'ta]
pegar, capturar (vt)	a prinde	[a 'prinde]
captura (f)	prindere (f)	['prindere]

documento (m)	act (n)	[akt]
prova (f)	dovadă (f)	[do'vadə]
provar (vt)	a dovedi	[a dove'di]
pegada (f)	amprentă (f)	[am'prentə]
impressões (f pl) digitais	amprente (f pl) digitale	[am'prente didʒi'tale]
prova (f)	probă (f)	['probə]

álibi (m)	alibi (n)	['alibi]
inocente	nevinovat (m)	[nevino'vat]
injustiça (f)	nedreptate (f)	[nedrep'tate]
injusto	nedrept	[ne'drept]

criminal	criminal (m)	[krimi'nal]
confiscar (vt)	a confisca	[a konfis'ka]
droga (f)	narcotic (n)	[nar'kotik]
arma (f)	armă (f)	['armə]
desarmar (vt)	a dezarma	[a dezar'ma]
ordenar (vt)	a ordona	[a ordo'na]
desaparecer (vi)	a dispărea	[a dispə'rʲa]
lei (f)	lege (f)	['ledʒe]
legal	legal	[le'gal]
ilegal	ilegal	[ile'gal]
responsabilidade (f)	responsabilitate (f)	[responsabili'tate]
responsável	responsabil	[respon'sabil]

NATUREZA

A Terra. Parte 1

164. Espaço sideral

cosmos (m)	cosmos (n)	['kosmos]
cósmico	cosmic	['kosmik]
espaço (m) cósmico	spaţiu (n) cosmic	['spatsju 'kosmik]
galáxia (f)	galaxie (f)	[galak'sie]
estrela (f)	stea (f)	[stʲa]
constelação (f)	constelaţie (f)	[konste'latsie]
planeta (m)	planetă (f)	[pla'netə]
satélite (m)	satelit (m)	[sate'lit]
meteorito (m)	meteorit (m)	[meteo'rit]
cometa (m)	cometă (f)	[ko'metə]
asteroide (m)	asteroid (m)	[astero'id]
órbita (f)	orbită (f)	[or'bitə]
girar (vi)	a se roti	[a se ro'ti]
atmosfera (f)	atmosferă (f)	[atmos'ferə]
Sol (m)	soare (n)	[so'are]
Sistema (m) Solar	sistem (n) solar	[sis'tem so'lar]
eclipse (m) solar	eclipsă (f) de soare	[ek'lipsə de so'are]
Terra (f)	Pământ (n)	[pə'mint]
Lua (f)	Lună (f)	['lunə]
Marte (m)	Marte (m)	['marte]
Vénus (f)	Venus (f)	['venus]
Júpiter (m)	Jupiter (m)	['ʒupiter]
Saturno (m)	Saturn (m)	[sa'turn]
Mercúrio (m)	Mercur (m)	[mer'kur]
Urano (m)	Uranus (m)	[u'ranus]
Neptuno (m)	Neptun (m)	[nep'tun]
Plutão (m)	Pluto (m)	['pluto]
Via Láctea (f)	Calea (f) Lactee	['kalʲa lak'tee]
Ursa Maior (f)	Ursa (f) mare	['ursa 'mare]
Estrela Polar (f)	Steaua (f) polară	['stʲawa po'larə]
marciano (m)	marţian (m)	[martsi'an]
extraterrestre (m)	extraterestru (m)	[ekstrate'restru]
alienígena (m)	extraterestru (m)	[ekstrate'restru]

disco (m) voador	farfurie (f) zburătoare	[farfu'rie zburəto'are]
nave (f) espacial	navă (f) spaţială	['navə spatsi'alə]
estação (f) orbital	staţie (f) orbitală	['statsie orbi'talə]
lançamento (m)	start (n)	[start]

motor (m)	motor (n)	[mo'tor]
bocal (m)	ajutaj (n)	[aʒu'taʒ]
combustível (m)	combustibil (m)	[kombus'tibil]

| cabine (f) | cabină (f) | [ka'binə] |
| antena (f) | antenă (f) | [an'tenə] |

vigia (f)	hublou (n)	[hu'blou]
bateria (f) solar	baterie (f) solară	[bate'rie so'larə]
traje (m) espacial	scafandru (m)	[ska'fandru]

| imponderabilidade (f) | imponderabilitate (f) | [imponderabili'tate] |
| oxigénio (m) | oxigen (n) | [oksi'dʒen] |

| acoplagem (f) | unire (f) | [u'nire] |
| fazer uma acoplagem | a uni | [a u'ni] |

| observatório (m) | observator (n) astronomic | [observa'tor astro'nomik] |
| telescópio (m) | telescop (n) | [tele'skop] |

| observar (vt) | a observa | [a obser'va] |
| explorar (vt) | a cerceta | [a tʃertʃe'ta] |

165. A Terra

Terra (f)	Pământ (n)	[pə'mint]
globo terrestre (Terra)	globul (n) pământesc	['globul pəmin'tesk]
planeta (m)	planetă (f)	[pla'netə]

atmosfera (f)	atmosferă (f)	[atmos'ferə]
geografia (f)	geografie (f)	[dʒeogra'fie]
natureza (f)	natură (f)	[na'turə]

globo (mapa esférico)	glob (n)	[glob]
mapa (m)	hartă (f)	['hartə]
atlas (m)	atlas (n)	[at'las]

| Europa (f) | Europa (f) | [eu'ropa] |
| Ásia (f) | Asia (f) | ['asia] |

| África (f) | Africa (f) | ['afrika] |
| Austrália (f) | Australia (f) | [au'stralia] |

América (f)	America (f)	[a'merika]
América (f) do Norte	America (f) de Nord	[a'merika de nord]
América (f) do Sul	America (f) de Sud	[a'merika de sud]

| Antártida (f) | Antarctida (f) | [antark'tida] |
| Ártico (m) | Arctica (f) | ['arktika] |

166. Pontos cardeais

norte (m)	nord (n)	[nord]
para norte	la nord	[la nord]
no norte	la nord	[la nord]
do norte	de nord	[de nord]
sul (m)	sud (n)	[sud]
para sul	la sud	[la sud]
no sul	la sud	[la sud]
do sul	de sud	[de sud]
oeste, ocidente (m)	vest (n)	[vest]
para oeste	la vest	[la vest]
no oeste	la vest	[la vest]
ocidental	de vest	[de vest]
leste, oriente (m)	est (n)	[est]
para leste	la est	[la est]
no leste	la est	[la est]
oriental	de est	[de est]

167. Mar. Oceano

mar (m)	mare (f)	['mare]
oceano (m)	ocean (n)	[otʃe'an]
golfo (m)	golf (n)	[golf]
estreito (m)	strâmtoare (f)	[strɨmto'are]
continente (m)	continent (n)	[konti'nent]
ilha (f)	insulă (f)	['insulə]
península (f)	peninsulă (f)	[pe'ninsulə]
arquipélago (m)	arhipelag (n)	[arhipe'lag]
baía (f)	golf (n)	[golf]
porto (m)	port (n)	[port]
lagoa (f)	lagună (f)	[la'gunə]
cabo (m)	cap (n)	[kap]
atol (m)	atol (m)	[a'tol]
recife (m)	recif (m)	[re'tʃif]
coral (m)	coral (m)	[ko'ral]
recife (m) de coral	recif (m) de corali	[re'tʃif de ko'ralʲ]
profundo	adânc	[a'dɨnk]
profundidade (f)	adâncime (f)	[adɨn'tʃime]
abismo (m)	abis (n)	[a'bis]
fossa (f) oceânica	groapă (f)	[gro'apə]
corrente (f)	curent (n)	[ku'rent]
banhar (vt)	a spăla	[a spə'la]
litoral (m)	mal (n)	[mal]
costa (f)	litoral (n)	[lito'ral]

maré (f) alta	flux (n)	[fluks]
refluxo (m), maré (f) baixa	reflux (n)	[re'fluks]
restinga (f)	banc (n) de nisip	[bank de ni'sip]
fundo (m)	fund (n)	[fund]
onda (f)	val (n)	[val]
crista (f) da onda	creasta (f) valului	['kri̯asta 'valuluj]
espuma (f)	spumă (f)	['spumə]
tempestade (f)	furtună (f)	[fur'tunə]
furacão (m)	uragan (m)	[ura'gan]
tsunami (m)	tsunami (n)	[tsu'nami]
calmaria (f)	timp (n) calm	[timp kalm]
calmo	liniştit	[liniʃ'tit]
polo (m)	pol (n)	[pol]
polar	polar	[po'lar]
latitude (f)	longitudine (f)	[londʒi'tudine]
longitude (f)	latitudine (f)	[lati'tudine]
paralela (f)	paralelă (f)	[para'lelə]
equador (m)	ecuator (n)	[ekua'tor]
céu (m)	cer (n)	[tʃer]
horizonte (m)	orizont (n)	[ori'zont]
ar (m)	aer (n)	['aer]
farol (m)	far (n)	[far]
mergulhar (vi)	a se scufunda	[a se skufun'da]
afundar-se (vr)	a se duce la fund	[a se dutʃə li̯a fund]
tesouros (m pl)	comoară (f)	[komo'arə]

168. Montanhas

montanha (f)	munte (m)	['munte]
cordilheira (f)	lanț (n) muntos	[lants mun'tos]
serra (f)	lanț (n) de munți	[lants de munts]
cume (m)	vârf (n)	[virf]
pico (m)	culme (f)	['kulmə]
sopé (m)	poale (f pl)	[po'ale]
declive (m)	pantă (f)	['pantə]
vulcão (m)	vulcan (n)	[vul'kan]
vulcão (m) ativo	vulcan (n) activ	[vul'kan ak'tiv]
vulcão (m) extinto	vulcan (n) stins	[vul'kan stins]
erupção (f)	erupție (f)	[e'ruptsie]
cratera (f)	crater (n)	['krater]
magma (m)	magmă (f)	['magmə]
lava (f)	lavă (f)	['lavə]
fundido (lava ~a)	încins	[ɨn'tʃins]
desfiladeiro (m)	canion (n)	[kani'on]
garganta (f)	defileu (n)	[defi'leu]

fenda (f)	pas (n)	[pas]
passo, colo (m)	trecătoare (f)	[trekəto'are]
planalto (m)	podiş (n)	[po'diʃ]
falésia (f)	stâncă (f)	['stɨnkə]
colina (f)	deal (n)	['djal]
glaciar (m)	ghețar (m)	[ge'tsar]
queda (f) d'água	cascadă (f)	[kas'kadə]
géiser (m)	gheizer (m)	['gejzer]
lago (m)	lac (n)	[lak]
planície (f)	şes (n)	[ʃəs]
paisagem (f)	peisaj (n)	[pej'saʒ]
eco (m)	ecou (n)	[e'kou]
alpinista (m)	alpinist (m)	[alpi'nist]
escalador (m)	cățărător (m)	[kətsərə'tor]
conquistar (vt)	a cuceri	[a kutʃe'ri]
subida, escalada (f)	ascensiune (f)	[astʃensi'une]

169. Rios

rio (m)	râu (n)	['rɨu]
fonte, nascente (f)	izvor (n)	[iz'vor]
leito (m) do rio	matcă (f)	['matkə]
bacia (f)	bazin (n)	[ba'zin]
desaguar no ...	a se vărsa	[a se vər'sa]
afluente (m)	afluent (m)	[aflu'ent]
margem (do rio)	mal (n)	[mal]
corrente (f)	curs (n)	[kurs]
rio abaixo	în josul apei	[ɨn 'ʒosul 'apej]
rio acima	în susul apei	[ɨn 'susul 'apej]
inundação (f)	inundație (f)	[inun'datsie]
cheia (f)	revărsare (f) a apelor	[revər'sare a 'apelor]
transbordar (vi)	a se revărsa	[a se revər'sa]
inundar (vt)	a inunda	[a inun'da]
banco (m) de areia	banc (n) de nisip	[bank de ni'sip]
rápidos (m pl)	prag (n)	[prag]
barragem (f)	baraj (n)	[ba'raʒ]
canal (m)	canal (n)	[ka'nal]
reservatório (m) de água	bazin (n)	[ba'zin]
eclusa (f)	ecluză (f)	[e'kluzə]
corpo (m) de água	bazin (n)	[ba'zin]
pântano (m)	mlaştină (f)	['mlaʃtinə]
tremedal (m)	mlaştină (f), smârc (n)	['mlaʃtinə], [smɨrk]
remoinho (m)	vârtej (n) de apă	[vir'teʒ de 'apə]
arroio, regato (m)	pârâu (n)	[pi'rɨu]
potável	potabil	[po'tabil]

doce (água)	nesărat	[nesə'rat]
gelo (m)	gheață (f)	['gʲatsə]
congelar-se (vr)	a îngheța	[a inge'tsa]

170. Floresta

| floresta (f), bosque (m) | pădure (f) | [pə'dure] |
| florestal | de pădure | [de pə'dure] |

mata (f) cerrada	desiş (n)	[de'siʃ]
arvoredo (m)	pădurice (f)	[pədu'ritʃe]
clareira (f)	poiană (f)	[po'janə]

| matagal (m) | tufiş (n) | [tu'fiʃ] |
| mato (m) | arbust (m) | [ar'bust] |

| vereda (f) | cărare (f) | [kə'rare] |
| ravina (f) | râpă (f) | ['ripə] |

árvore (f)	copac (m)	[ko'pak]
folha (f)	frunză (f)	['frunzə]
folhagem (f)	frunziş (n)	[frun'ziʃ]

queda (f) das folhas	cădere (f) a frunzelor	[kə'dere a 'frunzelor]
cair (vi)	a cădea	[a kə'dʲa]
topo (m)	vârf (n)	[virf]

ramo (m)	ramură (f)	['ramurə]
galho (m)	creangă (f)	['krʲangə]
botão, rebento (m)	mugur (m)	['mugur]
agulha (f)	ac (n)	[ak]
pinha (f)	con (n)	[kon]

buraco (m) de árvore	scorbură (f)	['skorburə]
ninho (m)	cuib (n)	[kujb]
toca (f)	vizuină (f)	[vizu'inə]

tronco (m)	trunchi (n)	[trunkʲ]
raiz (f)	rădăcină (f)	[rədə'tʃinə]
casca (f) de árvore	scoarță (f)	[sko'artsə]
musgo (m)	muşchi (m)	[muʃkʲ]

arrancar pela raiz	a defrişa	[a defri'ʃa]
cortar (vt)	a tăia	[a tə'ja]
desflorestar (vt)	a doborî	[a dobo'ri]
toco, cepo (m)	buturugă (f)	[butu'rugə]

fogueira (f)	foc (n)	[fok]
incêndio (m) florestal	incendiu (n)	[in'tʃendju]
apagar (vt)	a stinge	[a 'stindʒe]

guarda-florestal (m)	pădurar (m)	[pədu'rar]
proteção (f)	protecţie (f)	[pro'tektsie]
proteger (a natureza)	a ocroti	[a okro'ti]

caçador (m) furtivo	braconier (m)	[brako'njer]
armadilha (f)	capcană (f)	[kap'kanə]

colher (cogumelos, bagas)	a strânge	[a 'strindʒe]
perder-se (vr)	a se rătăci	[a se rətə'tʃi]

171. Recursos naturais

recursos (m pl) naturais	resurse (f pl) naturale	[re'surse natu'rale]
minerais (m pl)	bogății (f pl) minerale	[bogə'tsij mine'rale]
depósitos (m pl)	depozite (n pl)	[de'pozite]
jazida (f)	zăcământ (n)	[zəke'mint]

extrair (vt)	a extrage	[a eks'tradʒe]
extração (f)	obținere (f)	[ob'tsinere]
minério (m)	minereu (n)	[mine'reu]
mina (f)	mină (f)	['minə]
poço (m) de mina	puț (n)	['puts]
mineiro (m)	miner (m)	[mi'ner]

gás (m)	gaz (n)	[gaz]
gasoduto (m)	conductă (f) de gaze	[kon'duktə de 'gaze]

petróleo (m)	petrol (n)	[pe'trol]
oleoduto (m)	conductă (f) de petrol	[kon'duktə de pe'trol]
poço (m) de petróleo	sondă (f) de țiței (n)	['sondə de tsi'tsej]
torre (f) petrolífera	turlă (f) de foraj	['turlə de fo'raʒ]
petroleiro (m)	tanc (n) petrolier	['tank petro'ljer]

areia (f)	nisip (n)	[ni'sip]
calcário (m)	calcar (n)	[kal'kar]
cascalho (m)	pietriș (n)	[pe'triʃ]
turfa (f)	turbă (f)	['turbə]
argila (f)	argilă (f)	[ar'dʒilə]
carvão (m)	cărbune (m)	[kər'bune]

ferro (m)	fier (m)	[fier]
ouro (m)	aur (n)	['aur]
prata (f)	argint (n)	[ar'dʒint]
níquel (m)	nichel (n)	['nikel]
cobre (m)	cupru (n)	['kupru]

zinco (m)	zinc (n)	[zink]
manganês (m)	mangan (n)	[man'gan]
mercúrio (m)	mercur (n)	[mer'kur]
chumbo (m)	plumb (n)	[plumb]

mineral (m)	mineral (n)	[mine'ral]
cristal (m)	cristal (n)	[kris'tal]
mármore (m)	marmură (f)	['marmurə]
urânio (m)	uraniu (n)	[u'ranju]

A Terra. Parte 2

172. Tempo

tempo (m)	timp (n)	[timp]
previsão (f) do tempo	prognoză (f) meteo	[prog'nozə 'meteo]
temperatura (f)	temperatură (f)	[tempera'turə]
termómetro (m)	termometru (n)	[termo'metru]
barómetro (m)	barometru (n)	[baro'metru]
humidade (f)	umiditate (f)	[umidi'tate]
calor (m)	caniculă (f)	[ka'nikulə]
cálido	fierbinte	[fier'binte]
está muito calor	e foarte cald	[e fo'arte kald]
está calor	e cald	[e kald]
quente	cald	[kald]
está frio	e frig	[e frig]
frio	rece	['retʃe]
sol (m)	soare (n)	[so'are]
brilhar (vi)	a străluci	[a strəlu'tʃi]
de sol, ensolarado	însorit	[inso'rit]
nascer (vi)	a răsări	[a rəsə'ri]
pôr-se (vr)	a apune	[a a'pune]
nuvem (f)	nor (m)	[nor]
nublado	înnorat	[inno'rat]
nuvem (f) preta	nor (m)	[nor]
escuro, cinzento	mohorât	[moho'rit]
chuva (f)	ploaie (f)	[plo'ae]
está a chover	plouă	['plowə]
chuvoso	ploios	[plo'jos]
chuviscar (vi)	a bura	[a bu'ra]
chuva (f) torrencial	ploaie (f) torenţială	[plo'ae toren'tsjale]
chuvada (f)	rupere (f) de nori	['rupere de 'norʲ]
forte (chuva)	puternic	[pu'ternik]
poça (f)	băltoacă (f)	[bəlto'akə]
molhar-se (vr)	a se uda	[a se u'da]
nevoeiro (m)	ceaţă (f)	['tʃatsə]
de nevoeiro	ceţos	[tʃe'tsos]
neve (f)	zăpadă (f)	[zə'padə]
está a nevar	ninge	['nindʒe]

173. Tempo extremo. Catástrofes naturais

trovoada (f)	furtună (f)	[fur'tunə]
relâmpago (m)	fulger (n)	['fulʤer]
relampejar (vi)	a fulgera	[a fulʤe'ra]
trovão (m)	tunet (n)	['tunet]
trovejar (vi)	a tuna	[a tu'na]
está a trovejar	tună	['tunə]
granizo (m)	grindină (f)	[grin'dinə]
está a cair granizo	plouă cu gheață	['plowə ku 'gⁱatsə]
inundar (vt)	a inunda	[a inun'da]
inundação (f)	inundație (f)	[inun'datsie]
terremoto (m)	cutremur (n)	[ku'tremur]
abalo, tremor (m)	zguduire (f)	[zgudu'ire]
epicentro (m)	epicentru (m)	[epi'ʧentru]
erupção (f)	erupție (f)	[e'ruptsie]
lava (f)	lavă (f)	['lavə]
turbilhão (m)	vârtej (n)	[vir'teʒ]
tornado (m)	tornadă (f)	[tor'nadə]
tufão (m)	taifun (n)	[taj'fun]
furacão (m)	uragan (m)	[ura'gan]
tempestade (f)	furtună (f)	[fur'tunə]
tsunami (m)	tsunami (n)	[tsu'nami]
ciclone (m)	ciclon (m)	[ʧi'klon]
mau tempo (m)	vreme (f) rea	['vreme rⁱa]
incêndio (m)	incendiu (n)	[in'ʧendju]
catástrofe (f)	catastrofă (f)	[katas'trofə]
meteorito (m)	meteorit (m)	[meteo'rit]
avalanche (f)	avalanşă (f)	[ava'lanʃə]
deslizamento (m) de neve	prăbuşire (f)	[prəbu'ʃire]
nevasca (f)	viscol (n)	['viskol]
tempestade (f) de neve	viscol (n)	['viskol]

Fauna

174. Mamíferos. Predadores

predador (m)	**prădător** (n)	[prədə'tor]
tigre (m)	**tigru** (m)	['tigru]
leão (m)	**leu** (m)	['leu]
lobo (m)	**lup** (m)	[lup]
raposa (f)	**vulpe** (f)	['vulpe]
jaguar (m)	**jaguar** (m)	[ʒagu'ar]
leopardo (m)	**leopard** (m)	[leo'pard]
chita (f)	**ghepard** (m)	[ge'pard]
pantera (f)	**panteră** (f)	[pan'terə]
puma (m)	**pumă** (f)	['pumə]
leopardo-das-neves (m)	**ghepard** (m)	[ge'pard]
lince (m)	**râs** (m)	[ris]
coiote (m)	**coiot** (m)	[ko'jot]
chacal (m)	**şacal** (m)	[ʃa'kal]
hiena (f)	**hienă** (f)	[hi'enə]

175. Animais selvagens

animal (m)	**animal** (n)	[ani'mal]
besta (f)	**animal** (n) **sălbatic**	[ani'mal səl'batik]
esquilo (m)	**veveriţă** (f)	[veve'riʦə]
ouriço (m)	**arici** (m)	[a'riʧi]
lebre (f)	**iepure** (m)	['jepure]
coelho (m)	**iepure** (m) **de casă**	['jepure de 'kasə]
texugo (m)	**bursuc** (m)	[bur'suk]
guaxinim (m)	**enot** (m)	[e'not]
hamster (m)	**hârciog** (m)	[hir'ʧiog]
marmota (f)	**marmotă** (f)	[mar'motə]
toupeira (f)	**cârtiţă** (f)	['kirtiʦə]
rato (m)	**şoarece** (m)	[ʃo'areʧe]
ratazana (f)	**şobolan** (m)	[ʃobo'lan]
morcego (m)	**liliac** (m)	[lili'ak]
arminho (m)	**hermină** (f)	[her'minə]
zibelina (f)	**samur** (m)	[sa'mur]
marta (f)	**jder** (m)	[ʒder]
doninha (f)	**nevăstuică** (f)	[nevəs'tujkə]
vison (m)	**nurcă** (f)	['nurkə]

| castor (m) | castor (m) | ['kastor] |
| lontra (f) | vidră (f) | ['vidrə] |

cavalo (m)	cal (m)	[kal]
alce (m)	elan (m)	[e'lan]
veado (m)	cerb (m)	[ʧerb]
camelo (m)	cămilă (f)	[kə'milə]

bisão (m)	bizon (m)	[bi'zon]
auroque (m)	zimbru (m)	['zimbru]
búfalo (m)	bivol (m)	['bivol]

zebra (f)	zebră (f)	['zebrə]
antílope (m)	antilopă (f)	[anti'lopə]
corça (f)	căprioară (f)	[kəprio'arə]
gamo (m)	ciută (f)	['ʧiutə]
camurça (f)	capră (f) neagră	['kaprə 'niagrə]
javali (m)	mistreț (m)	[mis'treʦ]

baleia (f)	balenă (f)	[ba'lenə]
foca (f)	focă (f)	['fokə]
morsa (f)	morsă (f)	['morsə]
urso-marinho (m)	urs (m) de mare	[urs de 'mare]
golfinho (m)	delfin (m)	[del'fin]

urso (m)	urs (m)	[urs]
urso (m) branco	urs (m) polar	[urs po'lar]
panda (m)	panda (m)	['panda]

macaco (em geral)	maimuță (f)	[maj'muʦə]
chimpanzé (m)	cimpanzeu (m)	[ʧimpan'zeu]
orangotango (m)	urangutan (m)	[urangu'tan]
gorila (m)	gorilă (f)	[go'rilə]
macaco (m)	macac (m)	[ma'kak]
gibão (m)	gibon (m)	[dʒi'bon]

elefante (m)	elefant (m)	[ele'fant]
rinoceronte (m)	rinocer (m)	[rino'ʧer]
girafa (f)	girafă (f)	[dʒi'rafə]
hipopótamo (m)	hipopotam (m)	[hipopo'tam]

| canguru (m) | cangur (m) | ['kangur] |
| coala (m) | koala (f) | [ko'ala] |

mangusto (m)	mangustă (f)	[man'gustə]
chinchila (m)	şinşilă (f)	[ʃin'ʃilə]
doninha-fedorenta (f)	sconcs (m)	[skonks]
porco-espinho (m)	porc (m) spinos	[pork spi'nos]

176. Animais domésticos

gata (f)	pisică (f)	[pi'sikə]
gato (m) macho	motan (m)	[mo'tan]
cavalo (m)	cal (m)	[kal]

| garanhão (m) | armăsar (m) | [armə'sar] |
| égua (f) | iapă (f) | ['japə] |

vaca (f)	vacă (f)	['vakə]
touro (m)	taur (m)	['taur]
boi (m)	bou (m)	['bou]

ovelha (f)	oaie (f)	[o'ae]
carneiro (m)	berbec (m)	[ber'bek]
cabra (f)	capră (f)	['kaprə]
bode (m)	ţap (m)	[tsap]

| burro (m) | măgar (m) | [mə'gar] |
| mula (f) | catâr (m) | [ka'tir] |

porco (m)	porc (m)	[pork]
leitão (m)	purcel (m)	[pur'tʃel]
coelho (m)	iepure (m) de casă	['jepure de 'kasə]

| galinha (f) | găină (f) | [gə'inə] |
| galo (m) | cocoş (m) | [ko'koʃ] |

pata (f)	raţă (f)	['ratsə]
pato (macho)	răţoi (m)	[rə'tsoj]
ganso (m)	gâscă (f)	['giskə]

| peru (m) | curcan (m) | [kur'kan] |
| perua (f) | curcă (f) | ['kurkə] |

animais (m pl) domésticos	animale (n pl) domestice	[ani'male do'mestitʃe]
domesticado	domestic	[do'mestik]
domesticar (vt)	a domestici	[a domesti'tʃi]
criar (vt)	a creşte	[a 'kreʃte]

quinta (f)	fermă (f)	['fermə]
aves (f pl) domésticas	păsări (f pl) de curte	[pəsərʲ de 'kurte]
gado (m)	vite (f pl)	['vite]
rebanho (m), manada (f)	turmă (f)	['turmə]

estábulo (m)	grajd (n)	[graʒd]
pocilga (f)	cocină (f) de porci	[ko'tʃinə de 'portʃʲ]
estábulo (m)	grajd (n) pentru vaci	['graʒd 'pentru 'vatʃʲ]
coelheira (f)	cuşcă (f) pentru iepuri	['kuʃkə 'pentru 'epurʲ]
galinheiro (m)	coteţ (n) de găini	[ko'tets de gə'inʲ]

177. Cães. Raças de cães

cão (m)	câine (m)	['kijne]
cão pastor (m)	câine (m) ciobănesc	['kijne tʃiobə'nesk]
caniche (m)	pudel (m)	[pu'del]
teckel (m)	teckel (m)	['tekel]

| buldogue (m) | buldog (m) | [bul'dog] |
| boxer (m) | boxer (m) | [bok'ser] |

mastim (m)	mastif (m)	[mas'tif]
rottweiler (m)	rottweiler (m)	[rot'wejler]
dobermann (m)	doberman (m)	[dober'man]

basset (m)	basset (m)	[ba'set]
pastor inglês (m)	bobtail (m)	[bob'tejl]
dálmata (m)	dalmaţian (m)	[dalmatsi'an]
cocker spaniel (m)	cocker spaniel (m)	['koker spani'el]

| terra-nova (m) | newfoundland (m) | [nju'faundlend] |
| são-bernardo (m) | sentbernar (m) | [senber'nar] |

husky (m)	huski (m)	['haski]
Chow-chow (m)	chow chow (m)	['ʧau 'ʧau]
spitz alemão (m)	spitz (m)	[ʃpiʦ]
carlindogue (m)	mops (m)	[mops]

178. Sons produzidos pelos animais

latido (m)	lătrat (n)	[lə'trat]
latir (vi)	a lătra	[a lə'tra]
miar (vi)	a mieuna	[a meu'na]
ronronar (vi)	a toarce	[a to'arʧe]

mugir (vaca)	a mugi	[a mu'dʒi]
bramir (touro)	a rage	[a 'radʒe]
rosnar (vi)	a mârâi	[a miri'i]

uivo (m)	urlet (n)	['urlet]
uivar (vi)	a urla	[a ur'la]
ganir (vi)	a scheuna	[a skeu'na]

balir (vi)	a behăi	[a behə'i]
grunhir (porco)	a grohăi	[a grohə'i]
guinchar (vi)	a ţipa	[a tsi'pa]

coaxar (sapo)	a orăcăi	[a orəkə'i]
zumbir (inseto)	a bâzâi	[a bizi'i]
estridular, ziziar (vi)	a ţârâi	[a tsiri'i]

179. Pássaros

pássaro (m), ave (f)	pasăre (f)	['pasərə]
pombo (m)	porumbel (m)	[porum'bel]
pardal (m)	vrabie (f)	['vrabie]
chapim-real (m)	piţigoi (m)	[pitsi'goj]
pega-rabuda (f)	coţofană (f)	[kotso'fanə]

corvo (m)	corb (m)	[korb]
gralha (f) cinzenta	cioară (f)	[ʧio'arə]
gralha-de-nuca-cinzenta (f)	stancă (f)	['stankə]
gralha-calva (f)	cioară (f) de câmp	[ʧio'arə de 'kimp]

pato (m)	rață (f)	['ratsə]
ganso (m)	gâscă (f)	['giskə]
faisão (m)	fazan (m)	[fa'zan]
águia (f)	acvilă (f)	['akvilə]
açor (m)	uliu (m)	['ulju]
falcão (m)	şoim (m)	[ʃojm]
abutre (m)	vultur (m)	['vultur]
condor (m)	condor (m)	[kon'dor]
cisne (m)	lebădă (f)	['lebədə]
grou (m)	cocor (m)	[ko'kor]
cegonha (f)	cocostârc (m)	[kokos'tirk]
papagaio (m)	papagal (m)	[papa'gal]
beija-flor (m)	pasărea (f) colibri	['pasərʲa ko'libri]
pavão (m)	păun (m)	[pə'un]
avestruz (m)	struț (m)	[struts]
garça (f)	stârc (m)	[stirk]
flamingo (m)	flamingo (m)	[fla'mingo]
pelicano (m)	pelican (m)	[peli'kan]
rouxinol (m)	privighetoare (f)	[privigeto'are]
andorinha (f)	rândunică (f)	[rindu'nikə]
tordo-zornal (m)	mierlă (f)	['merlə]
tordo-músico (m)	sturz-cântător (m)	[sturz kintə'tor]
melro-preto (m)	mierlă (f) sură	['merlə 'surə]
andorinhão (m)	lăstun (m)	[ləs'tun]
cotovia (f)	ciocârlie (f)	[tʃiokir'lie]
codorna (f)	prepeliță (f)	[prepe'litsə]
pica-pau (m)	ciocănitoare (f)	[tʃiokənito'are]
cuco (m)	cuc (m)	[kuk]
coruja (f)	bufniță (f)	['bufnitsə]
corujão, bufo (m)	buha mare (f)	['buhə 'mare]
tetraz-grande (m)	cocoş (m) de munte	[ko'koʃ de 'munte]
tetraz-lira (m)	cocoş (m) sălbatic	[ko'koʃ səlba'tik]
perdiz-cinzenta (f)	potârniche (f)	[potir'nike]
estorninho (m)	graur (m)	['graur]
canário (m)	canar (m)	[ka'nar]
galinha-do-mato (f)	găinuşă de alun (f)	[gəi'nuʃə de a'lun]
tentilhão (m)	cinteză (f)	[tʃin'tezə]
dom-fafe (m)	botgros (m)	[bot'gros]
gaivota (f)	pescăruş (m)	[peskə'ruʃ]
albatroz (m)	albatros (m)	[alba'tros]
pinguim (m)	pinguin (m)	[pigu'in]

180. Pássaros. Canto e sons

cantar (vi)	a cânta	[a kin'ta]
gritar (vi)	a striga	[a stri'ga]

| cantar (o galo) | a cânta cucurigu | [a kin'ta kuku'rigu] |
| cocorocó (m) | cucurigu (m) | [kuku'rigu] |

cacarejar (vi)	a cotcodăci	[a kotkodə'ʧi]
crocitar (vi)	a croncăni	[a kronkə'ni]
grasnar (vi)	a măcăi	[a məkə'i]
piar (vi)	a piui	[a pju'i]
chilrear, gorjear (vi)	a ciripi	[a ʧiri'pi]

181. Peixes. Animais marinhos

brema (f)	plătică (f)	[plə'tikə]
carpa (f)	crap (m)	[krap]
perca (f)	biban (m)	[bi'ban]
siluro (m)	somn (m)	[somn]
lúcio (m)	ştiucă (f)	['ʃtjukə]

| salmão (m) | somon (m) | [so'mon] |
| esturjão (m) | nisetru (m) | [ni'setru] |

| arenque (m) | scrumbie (f) | [skrum'bie] |
| salmão (m) | somon (m) | [so'mon] |

| cavala, sarda (f) | macrou (n) | [ma'krou] |
| solha (f) | cambulă (f) | [kam'bulə] |

| lúcio perca (m) | şalău (m) | [ʃa'ləu] |
| bacalhau (m) | batog (m) | [ba'tog] |

| atum (m) | ton (m) | [ton] |
| truta (f) | păstrăv (m) | [pəs'trəv] |

| enguia (f) | ţipar (m) | [tsi'par] |
| raia elétrica (f) | peşte-torpilă (m) | ['peʃte tor'pilə] |

| moreia (f) | murenă (f) | [mu'renə] |
| piranha (f) | piranha (f) | [pi'ranija] |

tubarão (m)	rechin (m)	[re'kin]
golfinho (m)	delfin (m)	[del'fin]
baleia (f)	balenă (f)	[ba'lenə]

caranguejo (m)	crab (m)	[krab]
medusa, alforreca (f)	meduză (f)	[me'duzə]
polvo (m)	caracatiţă (f)	[kara'katitsə]

estrela-do-mar (f)	stea de mare (f)	[stʲa de 'mare]
ouriço-do-mar (m)	arici de mare (m)	[a'riʧi de 'mare]
cavalo-marinho (m)	căluţ (m) de mare (f)	[ka'luts de 'mare]

ostra (f)	stridie (f)	['stridie]
camarão (m)	crevetă (f)	[kre'vetə]
lavagante (m)	stacoj (m)	[sta'koʒ]
lagosta (f)	langustă (f)	[lan'gustə]

182. Amfíbios. Répteis

| serpente, cobra (f) | şarpe (m) | ['ʃarpe] |
| venenoso | veninos | [veni'nos] |

víbora (f)	viperă (f)	['viperə]
cobra-capelo, naja (f)	cobră (f)	['kobrə]
pitão (m)	piton (m)	[pi'ton]
jiboia (f)	şarpe (m) boa	['ʃarpe bo'a]

cobra-de-água (f)	şarpe (m) de casă	['ʃarpe de 'kasə]
cascavel (f)	şarpe (m) cu clopoţei	['ʃarpe ku klopo'tsej]
anaconda (f)	anacondă (f)	[ana'kondə]

lagarto (m)	şopârlă (f)	[ʃo'pirlə]
iguana (f)	iguană (f)	[igu'anə]
varano (m)	şopârlă (f)	[ʃo'pirlə]
salamandra (f)	salamandră (f)	[sala'mandrə]
camaleão (m)	cameleon (m)	[kamele'on]
escorpião (m)	scorpion (m)	[skorpi'on]

tartaruga (f)	broască (f) ţestoasă	[bro'askə tsesto'asə]
rã (f)	broască (f)	[bro'askə]
sapo (m)	broască (f) râioasă	[bro'askə rijo'asə]
crocodilo (m)	crocodil (m)	[kroko'dil]

183. Insetos

inseto (m)	insectă (f)	[in'sektə]
borboleta (f)	fluture (m)	['fluture]
formiga (f)	furnică (f)	[fur'nikə]
mosca (f)	muscă (f)	['muskə]
mosquito (m)	ţânţar (m)	[tsin'tsar]
escaravelho (m)	gândac (m)	[gin'dak]

vespa (f)	viespe (f)	['vespe]
abelha (f)	albină (f)	[al'binə]
mamangava (f)	bondar (m)	[bon'dar]
moscardo (m)	tăun (m)	[tə'un]

| aranha (f) | păianjen (m) | [pə'janʒen] |
| teia (f) de aranha | pânză (f) de păianjen | ['pinzə de pə'janʒen] |

libélula (f)	libelulă (f)	[libe'lulə]
gafanhoto-do-campo (m)	greier (m)	['greer]
traça (f)	fluture (m)	['fluture]

barata (f)	gândac (m)	[gin'dak]
carraça (f)	căpuşă (f)	[kə'puʃə]
pulga (f)	purice (m)	['puritʃe]
borrachudo (m)	musculiţă (f)	[musku'litsə]
gafanhoto (m)	lăcustă (f)	[lə'kustə]
caracol (m)	melc (m)	[melk]

grilo (m)	greier (m)	['greer]
pirilampo (m)	licurici (m)	[liku'ritʃi]
joaninha (f)	buburuză (f)	[bubu'ruzə]
besouro (m)	cărăbuş (m)	[kərə'buʃ]

sanguessuga (f)	lipitoare (f)	[lipito'are]
lagarta (f)	omidă (f)	[o'midə]
minhoca (f)	vierme (m)	['verme]
larva (f)	larvă (f)	['larvə]

184. Animais. Partes do corpo

bico (m)	cioc (n)	[tʃiok]
asas (f pl)	aripi (f pl)	[a'ripʲ]
pata (f)	labă (f)	['labə]
plumagem (f)	penaj (n)	[pe'naʒ]
pena, pluma (f)	pană (f)	['panə]
crista (f)	moţ (n)	[mots]

brânquias, guelras (f pl)	branhii (f pl)	[bran'hij]
ovas (f pl)	icre (f pl)	['ikre]
larva (f)	larvă (f)	['larvə]
barbatana (f)	aripioară (f)	[ari'pjoarə]
escama (f)	solzi (m pl)	[solzʲ]

canino (m)	dinte (m) canin	['dinte ka'nin]
pata (f)	labă (f)	['labə]
focinho (m)	bot (n)	[bot]
boca (f)	bot (n)	[bot]
cauda (f), rabo (m)	coadă (f)	[ko'adə]
bigodes (m pl)	mustăţi (f pl)	[mus'tətsʲ]

| casco (m) | copită (f) | [ko'pitə] |
| corno (m) | corn (n) | [korn] |

carapaça (f)	carapace (f)	[kara'patʃe]
concha (f)	schelet (n)	[ske'let]
casca (f) de ovo	găoace (f)	[gəo'atʃe]

| pelo (m) | blană (f) | ['blanə] |
| pele (f), couro (m) | piele (f) | ['pjele] |

185. Animais. Habitats

| hábitat | mediu (n) ambiant | ['medju am'bjant] |
| migração (f) | migraţie (f) | [mi'gratsie] |

montanha (f)	munte (m)	['munte]
recife (m)	recif (m)	[re'tʃif]
falésia (f)	stâncă (f)	['stinkə]
floresta (f)	pădure (f)	[pə'dure]
selva (f)	junglă (f)	['ʒunglə]

| savana (f) | savană (f) | [sa'vanə] |
| tundra (f) | tundră (f) | ['tundrə] |

estepe (f)	stepă (f)	['stepə]
deserto (m)	deşert (n)	[de'ʃərt]
oásis (m)	oază (f)	[o'azə]

mar (m)	mare (f)	['mare]
lago (m)	lac (n)	[lak]
oceano (m)	ocean (n)	[otʃə'an]

pântano (m)	mlaştină (f)	['mlaʃtinə]
de água doce	de apă dulce	[de 'apə 'dultʃe]
lagoa (f)	iaz (n)	[jaz]
rio (m)	râu (n)	['riu]

toca (f) do urso	bârlog (n)	[bir'log]
ninho (m)	cuib (n)	[kujb]
buraco (m) de árvore	scorbură (f)	['skorburə]
toca (f)	vizuină (f)	[vizu'inə]
formigueiro (m)	furnicar (n)	[furni'kar]

Flora

186. Árvores

árvore (f)	copac (m)	[ko'pak]
decídua	foios	[fo'jos]
conífera	conifer	[koni'fere]
perene	veşnic verde	['veʃnik 'verde]
macieira (f)	măr (m)	[mər]
pereira (f)	păr (m)	[pər]
cerejeira (f)	cireş (m)	[tʃi'reʃ]
ginjeira (f)	vişin (m)	['viʃin]
ameixeira (f)	prun (m)	[prun]
bétula (f)	mesteacăn (m)	[mes'tʲakən]
carvalho (m)	stejar (m)	[ste'ʒar]
tília (f)	tei (m)	[tej]
choupo-tremedor (m)	plop tremurător (m)	['plop tremurə'tor]
bordo (m)	arţar (m)	[ar'tsar]
espruce-europeu (m)	brad (m)	[brad]
pinheiro (m)	pin (m)	[pin]
alerce, lariço (m)	zadă (f)	['zadə]
abeto (m)	brad (m) alb	['brad 'alb]
cedro (m)	cedru (m)	['tʃedru]
choupo, álamo (m)	plop (m)	[plop]
tramazeira (f)	sorb (m)	[sorb]
salgueiro (m)	salcie (f)	['saltʃie]
amieiro (m)	arin (m)	[a'rin]
faia (f)	fag (m)	[fag]
ulmeiro (m)	ulm (m)	[ulm]
freixo (m)	frasin (m)	['frasin]
castanheiro (m)	castan (m)	[kas'tan]
magnólia (f)	magnolie (f)	[mag'nolie]
palmeira (f)	palmier (m)	[palmi'er]
cipreste (m)	chiparos (m)	[kipa'ros]
mangue (m)	manglier (m)	[mangli'jer]
embondeiro, baobá (m)	baobab (m)	[bao'bab]
eucalipto (m)	eucalipt (m)	[euka'lipt]
sequoia (f)	secvoia (m)	[sek'voja]

187. Arbustos

arbusto (m)	tufă (f)	['tufə]
arbusto (m), moita (f)	arbust (m)	[ar'bust]

videira (f)	viţă (f) de vie	['vitsə de 'vie]
vinhedo (m)	vie (f)	['vie]

framboeseira (f)	zmeură (f)	['zmeurə]
groselheira-vermelha (f)	coacăz (m) roşu	[ko'akəz 'roʃu]
groselheira (f) espinhosa	agriş (m)	[a'griʃ]

acácia (f)	salcâm (m)	[sal'kim]
bérberis (f)	lemn (m) galben	['lemn 'galben]
jasmim (m)	iasomie (f)	[jaso'mie]

junípero (m)	ienupăr (m)	[je'nupər]
roseira (f)	tufă (f) de trandafir	['tufə de tranda'fir]
roseira (f) brava	măceş (m)	[mə'tʃeʃ]

188. Cogumelos

cogumelo (m)	ciupercă (f)	[tʃiu'perkə]
cogumelo (m) comestível	ciupercă (f) comestibilă	[tʃiu'perkə komes'tibilə]
cogumelo (m) venenoso	ciupercă (f) otrăvitoare	[tʃiu'perkə otrəvito'are]
chapéu (m)	pălărie (f)	[pələ'rie]
pé, caule (m)	picior (n)	[pi'tʃior]

boleto (m)	hrib (m)	[hrib]
boleto (m) alaranjado	pitărcuţă (f)	[pitər'kutsə]
míscaro (m) das bétulas	pitarcă (f)	[pi'tarkə]
cantarela (f)	gălbior (m)	[gəlbi'or]
rússula (f)	vineţică (f)	[vine'tsikə]

morchella (f)	zbârciog (m)	[zbir'tʃiog]
agário-das-moscas (m)	burete (m) pestriţ	[bu'rete pes'trits]
cicuta (f) verde	ciupercă (f) otrăvitoare	[tʃiu'perkə otrəvito'are]

189. Frutos. Bagas

maçã (f)	măr (n)	[mər]
pera (f)	pară (f)	['parə]
ameixa (f)	prună (f)	['prunə]

morango (m)	căpşună (f)	[kəp'ʃunə]
ginja (f)	vişină (f)	['viʃinə]
cereja (f)	cireaşă (f)	[tʃi'riaʃə]
uva (f)	struguri (m pl)	['strugurʲ]

framboesa (f)	zmeură (f)	['zmeurə]
groselha (f) preta	coacăză (f) neagră	[ko'akəzə 'nʲagrə]
groselha (f) vermelha	coacăză (f) roşie	[ko'akəzə 'roʃie]
groselha (f) espinhosa	agrişă (f)	[a'griʃə]
oxicoco (m)	răchiţele (f pl)	[rəki'tsele]

laranja (f)	portocală (f)	[porto'kalə]
tangerina (f)	mandarină (f)	[manda'rinə]

ananás (m)	ananas (m)	[ana'nas]
banana (f)	banană (f)	[ba'nanə]
tâmara (f)	curmală (f)	[kur'malə]

limão (m)	lămâie (f)	[lə'mie]
damasco (m)	caisă (f)	[ka'isə]
pêssego (m)	piersică (f)	['pjersikə]
kiwi (m)	kiwi (n)	['kivi]
toranja (f)	grepfrut (n)	['grepfrut]

baga (f)	boabă (f)	[bo'abə]
bagas (f pl)	fructe (n pl) de pădure	['frukte de pə'dure]
arando (m) vermelho	merişor (m)	[meri'ʃor]
morango-silvestre (m)	frag (m)	[frag]
mirtilo (m)	afină (f)	[a'finə]

190. Flores. Plantas

flor (f)	floare (f)	[flo'are]
ramo (m) de flores	buchet (n)	[bu'ket]

rosa (f)	trandafir (m)	[tranda'fir]
tulipa (f)	lalea (f)	[la'lʲa]
cravo (m)	garoafă (f)	[garo'afə]
gladíolo (m)	gladiolă (f)	[gladi'olə]

centáurea (f)	albăstrea (f)	[albəs'trʲa]
campânula (f)	clopoţel (m)	[klopo'tsel]
dente-de-leão (m)	păpădie (f)	[pəpə'die]
camomila (f)	romaniţă (f)	[roma'nitsə]

aloé (m)	aloe (f)	[a'loe]
cato (m)	cactus (m)	['kaktus]
fícus (m)	ficus (m)	['fikus]

lírio (m)	crin (m)	[krin]
gerânio (m)	muşcată (f)	[muʃ'katə]
jacinto (m)	zambilă (f)	[zam'bilə]

mimosa (f)	mimoză (f)	[mi'mozə]
narciso (m)	narcisă (f)	[nar'tʃisə]
capuchinha (f)	condurul-doamnei (m)	[kon'durul do'amnej]

orquídea (f)	orhidee (f)	[orhi'dee]
peónia (f)	bujor (m)	[bu'ʒor]
violeta (f)	toporaş (m)	[topo'raʃ]

amor-perfeito (m)	pansele (f)	[pan'sele]
não-me-esqueças (m)	nu-mă-uita (f)	[nu mə uj'ta]
margarida (f)	margaretă (f)	[marga'retə]

papoula (f)	mac (m)	[mak]
cânhamo (m)	cânepă (f)	['kinepə]
hortelã (f)	mentă (f)	['mentə]

lírio-do-vale (m)	lăcrămioară (f)	[ləkrəmjo'arə]
campânula-branca (f)	ghiocel (m)	[gio'ʧel]

urtiga (f)	urzică (f)	[ur'zikə]
azeda (f)	măcriş (m)	[mə'kriʃ]
nenúfar (m)	nufăr (m)	['nufər]
feto (m), samambaia (f)	ferigă (f)	['ferigə]
líquen (m)	lichen (m)	[li'ken]

estufa (f)	seră (f)	['serə]
relvado (m)	gazon (n)	[ga'zon]
canteiro (m) de flores	strat (n) de flori	[strat de 'flor']

planta (f)	plantă (f)	['plantə]
erva (f)	iarbă (f)	['jarbə]
folha (f) de erva	fir (n) de iarbă	[fir de 'jarbə]

folha (f)	frunză (f)	['frunzə]
pétala (f)	petală (f)	[pe'talə]
talo (m)	tulpină (f)	[tul'pinə]
tubérculo (m)	tubercul (m)	[tu'berkul]

broto, rebento (m)	mugur (m)	['mugur]
espinho (m)	ghimpe (m)	['gimpe]

florescer (vi)	a înflori	[a inflo'ri]
murchar (vi)	a se ofili	[a se ofe'li]
cheiro (m)	miros (n)	[mi'ros]
cortar (flores)	a tăia	[a tə'ja]
colher (uma flor)	a rupe	[a 'rupe]

191. Cereais, grãos

grão (m)	grăunţe (n pl)	[grə'unʦe]
cereais (plantas)	cereale (f pl)	[ʧere'ale]
espiga (f)	spic (n)	[spik]

trigo (m)	grâu (n)	['griu]
centeio (m)	secară (f)	[se'karə]
aveia (f)	ovăz (n)	[ovəz]
milho-miúdo (m)	mei (m)	[mej]
cevada (f)	orz (n)	[orz]

milho (m)	porumb (m)	[po'rumb]
arroz (m)	orez (n)	[o'rez]
trigo-sarraceno (m)	hrişcă (f)	['hriʃkə]

ervilha (f)	mazăre (f)	['mazəre]
feijão (m)	fasole (f)	[fa'sole]
soja (f)	soia (f)	['soja]
lentilha (f)	linte (n)	['linte]
fava (f)	boabe (f pl)	[bo'abe]

GEOGRAFIA REGIONAL

Países. Nacionalidades

192. Política. Governo. Parte 1

política (f)	politică (f)	[po'litikə]
político	politic	[po'litik]
político (m)	politician (m)	[politiʧi'an]
estado (m)	stat (n)	[stat]
cidadão (m)	cetățean (m)	[ʧetə'tsian]
cidadania (f)	cetățenie (f)	[ʧetətse'nie]
brasão (m) de armas	stemă (f) națională	['stemə natsio'nalə]
hino (m) nacional	imn (n) de stat	[imn de stat]
governo (m)	guvern (n)	[gu'vern]
Chefe (m) de Estado	conducătorul (m) țării	[konduke'torul tsərij]
parlamento (m)	parlament (n)	[parla'ment]
partido (m)	partid (n)	[par'tid]
capitalismo (m)	capitalism (n)	[kapita'lism]
capitalista	capitalist	[kapita'list]
socialismo (m)	socialism (n)	[soʧia'lizm]
socialista	socialist	[soʧia'list]
comunismo (m)	comunism (n)	[komu'nizm]
comunista	comunist	[komu'nist]
comunista (m)	comunist (m)	[komu'nist]
democracia (f)	democrație (f)	[demokra'tsie]
democrata (m)	democrat (m)	[demo'krat]
democrático	democrat	[demo'krat]
Partido (m) Democrático	partid (n) democrat	[par'tid demo'krat]
liberal (m)	liberal (m)	[libe'ral]
liberal	liberal	[libe'ral]
conservador (m)	conservator (m)	[konserva'tor]
conservador	conservator	[konserva'tor]
república (f)	republică (f)	[re'publikə]
republicano (m)	republican (m)	[republi'kan]
Partido (m) Republicano	partid (n) republican	[par'tid republi'kan]
eleições (f pl)	alegeri (f pl)	[a'ledʒerʲ]
eleger (vt)	a alege	[a a'ledʒe]

eleitor (m)	alegător (m)	[alegə'tor]
campanha (f) eleitoral	campanie (f) electorală	[kam'panie elekto'ralə]
votação (f)	votare (f)	[vo'tare]
votar (vi)	a vota	[a vo'ta]
direito (m) de voto	drept (n) de vot	[drept de vot]
candidato (m)	candidat (m)	[kandi'dat]
candidatar-se (vi)	a candida	[a kandi'da]
campanha (f)	campanie (f)	[kam'panie]
da oposição	de opoziţie	[de opo'zitsie]
oposição (f)	opoziţie (f)	[opo'zitsie]
visita (f)	vizită (f)	['vizitə]
visita (f) oficial	vizită (f) oficială	['vizitə ofiʧi'alə]
internacional	internaţional	[internatsio'nal]
negociações (f pl)	tratative (n pl)	[trata'tive]
negociar (vi)	a purta tratative	[a pur'ta trata'tive]

193. Política. Governo. Parte 2

sociedade (f)	societate (f)	[soʧie'tate]
constituição (f)	constituţie (f)	[konsti'tutsie]
poder (ir para o ~)	autoritate (f)	[autori'tate]
corrupção (f)	corupţie (f)	[ko'ruptsie]
lei (f)	lege (f)	['ledʒe]
legal	legal	[le'gal]
justiça (f)	dreptate (f)	[drep'tate]
justo	echitabil	[eki'tabil]
comité (m)	comitet (n)	[komi'tet]
projeto-lei (m)	proiect (n) de lege	[pro'ekt de 'ledʒe]
orçamento (m)	buget (n)	[bu'dʒet]
política (f)	politică (f)	[po'litikə]
reforma (f)	reformă (f)	[re'formə]
radical	radical	[radi'kal]
força (f)	putere (f)	[pu'tere]
poderoso	puternic	[pu'ternik]
partidário (m)	adept (m)	[a'dept]
influência (f)	influenţă (f)	[influ'entsə]
regime (m)	regim (n)	[re'dʒim]
conflito (m)	conflict (n)	[kon'flikt]
conspiração (f)	conspiraţie (f)	[konspi'ratsie]
provocação (f)	provocare (f)	[provo'kare]
derrubar (vt)	a răsturna	[a rəstur'na]
derrube (m), queda (f)	răsturnare (f)	[rəstur'nare]
revolução (f)	revoluţie (f)	[revo'lutsie]

golpe (m) de Estado	lovitură (f) de stat	[lovi'tura də stat]
golpe (m) militar	lovitură (f) de stat militară	[lovi'tura də stat mili'tarə]
crise (f)	criză (f)	['krizə]
recessão (f) económica	scădere (f) economică	[skə'dere eko'nomikə]
manifestante (m)	manifestant (m)	[manifes'tant]
manifestação (f)	manifestaţie (f)	[manifes'tatsie]
lei (f) marcial	stare (f) de război	['stare de rəz'boj]
base (f) militar	bază (f) militară	['bazə mili'tarə]
estabilidade (f)	stabilitate (f)	[stabili'tatə]
estável	stabil	[sta'bil]
exploração (f)	exploatare (f)	[ekploa'tare]
explorar (vt)	a exploata	[a eksploa'ta]
racismo (m)	rasism (n)	[ra'sism]
racista (m)	rasist (m)	[ra'sist]
fascismo (m)	fascism (n)	[fas'ʧism]
fascista (m)	fascist (m)	[fas'ʧist]

194. Países. Diversos

estrangeiro (m)	cetăţean (m) străin	[ʧetə'tsʲan strə'in]
estrangeiro	străin	[strə'in]
no estrangeiro	peste hotare	['peste ho'tare]
emigrante (m)	emigrant (m)	[emi'grant]
emigração (f)	emigrare (f)	[emi'grare]
emigrar (vi)	a emigra	[a emi'gra]
Ocidente (m)	Vest (n)	[vest]
Oriente (m)	Est (n)	[est]
Extremo Oriente (m)	Extremul Orient (n)	[eks'tremul o'rjent]
civilização (f)	civilizaţie (f)	[ʧivili'zatsie]
humanidade (f)	umanitate (f)	[umani'tate]
mundo (m)	lume (f)	['lume]
paz (f)	pace (f)	['paʧe]
mundial	mondial	[mon'djal]
pátria (f)	patrie (f)	['patrie]
povo (m)	popor (n)	[po'por]
população (f)	populaţie (f)	[popu'latsie]
gente (f)	oameni (m pl)	[o'amenʲ]
nação (f)	naţiune (f)	[natsi'une]
geração (f)	generaţie (f)	[dʒene'ratsie]
território (m)	teritoriu (n)	[teri'torju]
região (f)	regiune (f)	[redʒi'une]
estado (m)	stat (n)	[stat]
tradição (f)	tradiţie (f)	[tra'ditsie]
costume (m)	obicei (n)	[obi'ʧej]

ecologia (f)	ecologie (f)	[ekolo'ʤie]
índio (m)	indian (m)	[indi'an]
cigano (m)	ţigan (m)	[tsi'gan]
cigana (f)	ţigancă (f)	[tsi'gankə]
cigano	ţigănesc	[tsigə'nesk]

império (m)	imperiu (n)	[im'perju]
colónia (f)	colonie (f)	[kolo'nie]
escravidão (f)	sclavie (f)	[skla'vie]
invasão (f)	invazie (f)	[in'vazie]
fome (f)	foamete (f)	[fo'amete]

195. Grupos religiosos mais importantes. Confissões

| religião (f) | religie (f) | [re'liʤie] |
| religioso | religios | [reliʤi'os] |

crença (f)	credinţă (f)	[kre'dintsə]
crer (vt)	a crede	[a 'krede]
crente (m)	credincios (m)	[kredin'tʃios]

| ateísmo (m) | ateism (n) | [ate'izm] |
| ateu (m) | ateu (m) | [a'teu] |

cristianismo (m)	creştinism (n)	[kreʃti'nism]
cristão (m)	creştin (m)	[kreʃ'tin]
cristão	creştin	[kreʃ'tin]

catolicismo (m)	Catolicism (n)	[katoli'tʃism]
católico (m)	catolic (m)	[ka'tolik]
católico	catolic	[ka'tolik]

protestantismo (m)	Protestantism (n)	[protestan'tizm]
Igreja (f) Protestante	Biserica (f) Protestantă	[bi'serika protes'tantə]
protestante (m)	protestant (m)	[protes'tant]

ortodoxia (f)	Ortodoxie (f)	[ortodok'sie]
Igreja (f) Ortodoxa	Biserica (f) Ortodoxă	[bi'serika orto'doksə]
ortodoxo (m)	ortodox (m)	[orto'doks]

presbiterianismo (m)	calvinism (n)	[kalvi'nism]
Igreja (f) Presbiteriana	Biserica (f) Calvinistă	[bi'serika kalvi'nistə]
presbiteriano (m)	calvinist (m)	[kalvi'nist]

| Igreja (f) Luterana | Biserica (f) Luterană | [bi'serika lute'ranə] |
| luterano (m) | luteran (m) | [lute'ran] |

| Igreja (f) Batista | Baptism (n) | [bap'tism] |
| batista (m) | baptist (m) | [bap'tist] |

Igreja (f) Anglicana	Biserica (f) Anglicană	[bi'serika angli'kanə]
anglicano (m)	anglican (m)	[angli'kan]
mormonismo (m)	Mormonism (n)	[mormo'nism]
mórmon (m)	mormon (m)	[mor'mon]

| Judaísmo (m) | Iudaism (n) | [juda'izm] |
| judeu (m) | iudeu (m) | [ju'deu] |

| budismo (m) | Budism (n) | [bu'dizm] |
| budista (m) | budist (m) | [bu'dist] |

| hinduísmo (m) | Hinduism (n) | [hindu'izm] |
| hindu (m) | hindus (m) | [hin'dus] |

Islão (m)	Islamism (n)	[isla'mizm]
muçulmano (m)	musulman (m)	[musul'man]
muçulmano	musulman	[musul'man]

| Xiismo (m) | Şiism (n) | [ʃi'ism] |
| xiita (m) | şiit (m) | [ʃi'it] |

| sunismo (m) | Sunnism (n) | [su'nism] |
| sunita (m) | sunnit (m) | [su'nit] |

196. Religiões. Padres

| padre (m) | preot (m) | ['preot] |
| Papa (m) | Papa Romei (m) | ['papa 'romej] |

monge (m)	călugăr (m)	[kə'lugər]
freira (f)	călugăriţă (f)	[kə'lugəritsə]
pastor (m)	pastor (m)	['pastor]

abade (m)	abate (m)	[a'bate]
vigário (m)	vicar (m)	[vi'kar]
bispo (m)	episcop (m)	[e'piskop]
cardeal (m)	cardinal (m)	[kardi'nal]

pregador (m)	propovăduitor (m)	[propovədui'tor]
sermão (m)	predică (f)	['predikə]
paroquianos (pl)	enoriaşi (m pl)	[enori'aʃ]

| crente (m) | credincios (m) | [kredin'tʃios] |
| ateu (m) | ateu (m) | [a'teu] |

197. Fé. Cristianismo. Islão

| Adão | Adam (m) | [a'dam] |
| Eva | Eva (f) | ['eva] |

Deus (m)	Dumnezeu (m)	[dumne'zeu]
Senhor (m)	Domnul (m)	['domnulʲ]
Todo Poderoso (m)	Atotputernic (m)	[atotpu'ternik]

pecado (m)	păcat (n)	[pə'kat]
pecar (vi)	a păcătui	[a pəkətu'i]
pecador (m)	păcătos (m)	[pəkə'tos]

pecadora (f)	păcătoasă (f)	[pəkəto'asə]
inferno (m)	iad (n)	[jad]
paraíso (m)	rai (f)	[raj]

Jesus	Isus (m)	[i'sus]
Jesus Cristo	Isus Hristos (m)	[i'sus hris'tos]

Espírito (m) Santo	Sfântul Duh (m)	['sfintul 'duh]
Salvador (m)	Salvator (m)	[salva'tor]
Virgem Maria (f)	Maica Domnului (f)	['majka 'domnuluj]

Diabo (m)	Diavol (m)	['djavol]
diabólico	diavolesc	[djavo'lesk]
Satanás (m)	Satana (f)	[sa'tana]
satânico	satanic	[sa'tanik]

anjo (m)	înger (m)	['indʒer]
anjo (m) da guarda	înger (m) păzitor	['indʒer pəzi'tor]
angélico	îngeresc	[indʒe'resk]

apóstolo (m)	apostol (m)	[a'postol]
arcanjo (m)	arhanghel (m)	[ar'hangel]
anticristo (m)	antihrist (m)	[anti'hrist]

Igreja (f)	Biserică (f)	[bi'serikə]
Bíblia (f)	Biblie (f)	['biblie]
bíblico	biblic	['biblik]

Velho Testamento (m)	Vechiul Testament (n)	['vekjul testa'ment]
Novo Testamento (m)	Noul testament (n)	['noul testa'ment]
Evangelho (m)	Evanghelie (f)	[eva'ngelie]
Sagradas Escrituras (f pl)	Sfânta Scriptură (f)	['sfinta skrip'turə]
Céu (m)	Împărăția Cerului (f)	[impərə'tsia 'tʃeruluj]

mandamento (m)	poruncă (f)	[po'runkə]
profeta (m)	profet (m)	[pro'fet]
profecia (f)	profeție (f)	[profe'tsie]

Alá	Allah (m)	[al'lah]
Maomé	Mohamed (m)	[moha'med]
Corão, Alcorão (m)	Coran (n)	[ko'ran]

mesquita (f)	moschee (f)	[mos'kee]
mulá (m)	hoge (m)	['hodʒe]
oração (f)	rugăciune (f)	[rugə'tʃiune]
rezar, orar (vi)	a se ruga	[a se ru'ga]

peregrinação (f)	pelerinaj (n)	[peleri'naʒ]
peregrino (m)	pelerin (m)	[pele'rin]
Meca (f)	Mecca (f)	['meka]

igreja (f)	biserică (f)	[bi'serikə]
templo (m)	templu (n)	['templu]
catedral (f)	catedrală (f)	[kate'dralə]
gótico	gotic	['gotik]
sinagoga (f)	sinagogă (f)	[sina'gogə]

mesquita (f)	moschee (f)	[mos'kee]
capela (f)	capelă (f)	[ka'pelə]
abadia (f)	abație (f)	[a'batsie]
convento (m)	mănăstire (f) de călugărițe	[mənəs'tire de kə'lugəritse]
mosteiro (m)	mănăstire (f) de călugări	[mənəs'tire de kə'lugərˈ]

sino (m)	clopot (n)	['klopot]
campanário (m)	clopotniță (f)	[klo'potnitsə]
repicar (vi)	a bate	[a 'bate]

cruz (f)	cruce (f)	['krutʃe]
cúpula (f)	boltă (f)	['boltə]
ícone (m)	icoană (f)	[iko'anə]

alma (f)	suflet (n)	['suflet]
destino (m)	soartă (f)	[so'artə]
mal (m)	rău (n)	[rəu]
bem (m)	bine (n)	['bine]

vampiro (m)	vampir (m)	[vam'pir]
bruxa (f)	vrăjitoare (f)	[vrəʒito'are]
demónio (m)	demon (m)	['demon]
espírito (m)	spirit (n)	['spirit]

redenção (f)	ispăşire (f)	[ispə'ʃire]
redimir (vt)	a ispăşi	[a ispə'ʃi]

missa (f)	slujbă (f)	['sluʒbə]
celebrar a missa	a sluji	[a slu'ʒi]
confissão (f)	spovedanie (f)	[spove'danie]
confessar-se (vr)	a se spovedi	[a se spove'di]

santo (m)	sfânt (m)	[sfint]
sagrado	sfânt	[sfint]
água (f) benta	apă (f) sfințită	['apə sfin'tsitə]

ritual (m)	ritual (n)	[ritu'al]
ritual	de rit	[de rit]
sacrifício (m)	jertfă (f)	['ʒertfə]

superstição (f)	superstiție (f)	[supers'titsie]
supersticioso	superstițios	[superstitsi'os]
vida (f) depois da morte	viața (f) de după moarte	['vjatsa de 'dupə mo'arte]
vida (f) eterna	viață (f) veşnică	['vjatsə 'veʃnikə]

TEMAS DIVERSOS

198. Várias palavras úteis

ajuda (f)	ajutor (n)	[aʒu'tor]
barreira (f)	barieră (f)	[ba'rjerə]
base (f)	bază (f)	['bazə]
categoria (f)	categorie (f)	[katego'rie]
causa (f)	cauză (f)	['kauzə]
coincidência (f)	coincidență (f)	[kointʃi'dentsə]
coisa (f)	obiect (n)	[o'bjekt]
começo (m)	început (n)	[intʃe'put]
cómodo (ex. poltrona ~a)	confortabil	[konfor'tabil]
comparação (f)	comparație (f)	[kompa'ratsie]
compensação (f)	compensație (f)	[kompen'satsie]
crescimento (m)	creștere (f)	['kreʃtere]
desenvolvimento (m)	dezvoltare (f)	[dezvol'tare]
diferença (f)	deosebire (f)	[deose'bire]
efeito (m)	efect (n)	[e'fekt]
elemento (m)	element (n)	[ele'ment]
equilíbrio (m)	balanță (f)	[ba'lantsə]
erro (m)	greșeală (f)	[gre'ʃalə]
esforço (m)	efort (n)	[e'fort]
estilo (m)	stil (n)	[stil]
exemplo (m)	exemplu (n)	[e'gzemplu]
facto (m)	fapt (n)	[fapt]
fim (m)	sfârșit (n)	[sfir'ʃit]
forma (f)	formă (f)	['formə]
frequente	des	[des]
fundo (ex. ~ verde)	fundal (n)	[fun'dal]
género (tipo)	aspect (n)	[as'pekt]
grau (m)	grad (n)	[grad]
ideal (m)	ideal (n)	[ide'al]
labirinto (m)	labirint (n)	[labi'rint]
modo (m)	mod (n)	[mod]
momento (m)	moment (n)	[mo'mənt]
objeto (m)	obiect (n)	[o'bjekt]
obstáculo (m)	obstacol (n)	[ob'stakol]
original (m)	original (n)	[oridʒi'nal]
padrão	standardizat	[standardi'zat]
padrão (m)	standard (n)	[stan'dard]
paragem (pausa)	pauză (f)	['pauzə]
parte (f)	parte (f)	['parte]

partícula (f)	bucată (f)	[bu'katə]
pausa (f)	pauză (f)	['pauzə]
posição (f)	poziție (f)	[po'zitsie]
princípio (m)	principiu (n)	[prin'tʃipju]
problema (m)	problemă (f)	[pro'blemə]
processo (m)	proces (n)	[pro'tʃes]
progresso (m)	progres (n)	[pro'gres]
propriedade (f)	însușire (f)	[insu'ʃire]
reação (f)	reacție (f)	[re'aktsie]
risco (m)	risc (n)	[risk]
ritmo (m)	ritm (n)	[ritm]
segredo (m)	taină (f)	['tajnə]
série (f)	serie (f)	['serie]
sistema (m)	sistem (n)	[sis'tem]
situação (f)	situație (f)	[situ'atsie]
solução (f)	soluție (f)	[so'lutsie]
tabela (f)	tabel (n)	[ta'bel]
termo (ex. ~ técnico)	termen (n)	['termen]
tipo (m)	tip (n)	[tip]
urgente	urgent	[ur'dʒent]
urgentemente	urgent	[ur'dʒent]
utilidade (f)	folos (n)	[fo'los]
variante (f)	variantă (f)	[vari'antə]
variedade (f)	alegere (f)	[a'ledʒere]
verdade (f)	adevăr (n)	[ade'vər]
vez (f)	rând (n)	[rind]
zona (f)	zonă (f)	['zonə]